Neoliberalismus

herausgegeben von Gerfried Sperl

PHOENIX

Neoliberalismus

mit Beiträgen von:

Mariana Mazzucato
Rudolf Müllner
Christian Nürnberger
George Packer
Regula Stämpfli
Philipp Ther
Barbara Vinken
Gabriele Winker

GEGRÜNDET 1999

Czernin Verlag, Wien

Gedruckt mit Unterstützung der Stadt Wien / MA7
Wissenschafts- und Forschungsförderung

Sperl, Gerfried (Hg.): Neoliberalismus
Essays, Diskurse, Reportagen / Gerfried Sperl
Phoenix, Band 1
Wien: Czernin Verlag, 2015
ISBN 978-3-7076-0551-8

© 2015 Czernin Verlags GmbH, Wien
Umschlaggestaltung: Sensomatic
Satz: Burghard List
Druck: Druckerei Theiss GmbH, A-9431 St. Stefan
ISBN Print: 978-3-7076-0551-8

Inhalt

Editorial

Eines der meistdiskutierten Gegensatzpaare der wirtschaftspolitischen Diskussion ist Marktwirtschaft versus Markt-
herrschaft. Ersteres wäre gleichzusetzen mit dem Ordo-
Liberalismus deutscher Prägung.
Das zweite mit dem Neo-Liberalismus à la Chicago. Der
Ordo-Liberalismus verankert im von direkter Lenkung unab-
hängigen Wirtschaftssystem die Verbindung von sozialer Rück-
sicht und Leistungsprinzip durch den Überbegriff der »sozialen
Gerechtigkeit«. Der Neo-Liberalismus moderner Prägung (ent-
standen unter der Präsidentschaft Jimmy Carters, entwickelt
unter Ronald Reagan und Margaret Thatcher) entzieht dem
Staat durch radikale Privatisierung jede unternehmerische Kraft.
Er überlässt sie schließlich durch die Deregulierung des Kapi-
talverkehrs der immer mächtiger werdenden Finanzindustrie.
Deren Entfesselung wird zu einer der Ursachen der »Lehman-
Brothers-Krise«, die bis heute dauert.

Die ideologischen Stöße dieses neuen Liberalismus hatten
damit das Potenzial, die Prinzipien der sozialen Marktwirtschaft
mit ihrer Ausformung einer Sozialpartnerschaft zu verdrängen
und den Keynesianismus als Instrument der staatlichen Bud-
getpolitik abzulösen. Die sozialen Verwerfungen dramatisierten
sich nach 2008 dort am stärksten, wo es im Unterschied zu
Deutschland, Österreich und Skandinavien keinen Nachhall
des frühen »historischen Kompromisses« zwischen christlichen
und sozialdemokratischen Parteien mehr gab.

So wie in den späten 60er-Jahren die Sozialdemokratie (oft
mithilfe der Kultur- und Sozialliberalen) vergeblich versuchte,
die Gesellschaft mit Demokratie zu »durchfluten«, starteten die
konservativen und rechtsliberalen Parteien eine solche Durch-
flutung mit den Gesetzen der Ökonomie. Selbst Wissenschaft
und Kunst sollten und sollen sich »rechnen«. Wer sich nicht

selbst finanziert, verschwindet. Und der Staat wird zum Beschützer dieses neuen ökonomischen Körpers. Eine »organisierte Parteiendemokratie« ist angesagt, Volksabstimmungen, Demonstrationen und Medienfreiheit stören die Harmonie.

Der »freie Markt« im Sinne eines von jeglicher Kontrolle befreiten Marktes überzieht nicht nur das politische Leben und die wirtschaftlichen Entwicklungen. Seine Fantasien verbreiten sich in alle Lebens- und Umgangsformen. Weshalb *Phoenix,* als Periodikum für Zeitphänomene, auch einen Blick auf bisher kaum beachtete Wirkungsfelder des Neo-Liberalismus wirft – zum Beispiel auf die Familienpolitik, wo der Umbau voll im Gange ist, oder im Sport, wo die Skandale rund um die Imperien der FIFA und des österreichischen Skiverbandes vom enthusiasmierten Publikum kaum wahrgenommen werden und doch Teil des Totaleinbruchs industrieller Interessen in die einstige »Körperertüchtigung« sind.

Selbst die Mode hat über Textilindustrien und Marketing-Giganten zur Entfremdung vieler Menschen von sich selbst geführt, das chirurgische Reparatur- und Skulptur-Business gehorcht der ökonomischen Instrumentalisierung einer alten Sehnsucht: Schön zu sein für die moderne Welt.

Gerfried Sperl

Foto: Matthias Cremer

GERFRIED SPERL, Dr. phil. Universität Graz. 1982–1987 Chefredakteur der *Süd-Ost Tagespost,* 1988 Mitglied der Gründungscrew des *Standard,* 1992–2007 dessen Chefredakteur. 2000–2007 Board-Mitglied der Internationalen Vereinigung der Chefredakteure, Paris. Autor der Bücher *Machtwechsel* (2000) und *Die umgefärbte Republik* (2003). 2009–2014 Herausgeber der Vierteljahreszeitschrift *Phoenix.*

Neoliberalismus, eine Einführung

Der Neoliberalismus ist als Kampfbegriff in aller Munde. Doch Polemiken sind wenig hilfreich, um eine der wirkmächtigsten Ideologien der jüngeren Zeitgeschichte zu verstehen.

von PHILIPP THER*

I m Unterschied zum Marxismus, dem klassischen Liberalismus oder zur christlichen Soziallehre gibt es keine Partei oder Gruppierung, die sich offen zum Begriff des Neoliberalismus bekennt und dabei auf einen bestimmten Kanon an Schriften oder historisch gewachsene Grundwerte verweisen würde. Zudem haben sogar jene Ökonomen und Politiker, die man ohne Zögern im »Feld« des Neoliberalismus verorten kann, diese Bezeichnung stets von sich gewiesen. Das gilt auch für jene Vordenker, die sich in der frühen Nachkriegszeit zu diesem Begriff bekannt hatten.[1]

Kritiker und Analysten des Neoliberalismus zielen somit auf ein »moving target«, wobei ein Teil des Problems in der öffentlichen Debatte darin liegt, dass zu viel geschossen und zu wenig analysiert wird. Ein zweites Problem ist die Abgrenzung vom klassischen Liberalismus bzw. in den Wirtschaftswissenschaften als impulsgebender Disziplin von der neoklassischen Lehre.

Trotz aller Überschneidungen ist der Neoliberalismus vom weltanschaulich geprägten politischen Neokonservatismus zu unter-

Foto: Own work, wikimedia commons

*PHILIPP THER, studierte in Regensburg, München und Georgetown. Seit 2010 ist er Univ. Prof. für Ost-Mitteleuropa-Geschichte an der Universität Wien. Für das Buch Die neue Ordnung auf dem alten Kontinent (Suhrkamp, 2014) erhielt er 2015 den Sachbuch-Preis der Leipziger Buchmesse.

scheiden, der ebenfalls Ende der 1970er-Jahre aufkam. Ein drittes Problem ist das Auseinanderklaffen zwischen neoliberaler Rhetorik und Politik, die nicht zuletzt auf die systemimmanenten Widersprüche dieser Ideologie und ihrer begrenzten Durchsetzbarkeit in etablierten Demokratien zurückgeht. Die wissenschaftliche Eingrenzung und Definition wird außerdem durch die Anpassungsfähigkeit des Neoliberalismus erschwert. Doch darin liegt zugleich eine wesentliche Stärke dieser Ideologie und ein Grund ihrer globalen Ausbreitung seit den 1980er-Jahren.

Während die zeithistorische Forschung über den Neoliberalismus noch überschaubar ist, gibt es in den benachbarten Sozialwissenschaften bereits eine Reihe von profilierten Autoren und Studien, die den Begriff neutral bzw. analytisch verwenden. In der Politikwissenschaft sind unter anderem Mitchell Orenstein und das Autorenduo Bohle und Greskovits zu nennen (Ersterer ist ein Experte für Sozialsysteme, Letztere sind ursprünglich auch Demokratieforscher), in den Wirtschaftswissenschaften Joseph Stiglitz und Paul Krugman sowie der Wissenschaftshistoriker Philip Mirowski, der zusammen mit dem Politologen Dieter Plehwe einen grundlegenden Sammelband über die Entstehung neoliberalen Denkens und neoliberaler Netzwerke vorgelegt hat.

Die Ethnologin Elisabeth Dunn hat mit ihrem Buch über Privatisierungen in Polen gezeigt, wie die neoliberale Ordnung in die Gesellschaft hineinwirkt und sich »bottom up« analysieren lässt. Selbstverständlich handelt es sich dabei nur um punktuelle Literaturhinweise.[2] Das Forschungsfeld ist aufgrund seiner Überschneidungen mit nahe verwandten Themen, insbesondere der Kapitalismusforschung, hier sind vor allem die »Varieties of Capitalism« zu nennen, weit größer als hier darstellbar.[3]

Die Ursprünge des Neoliberalismus reichen in die Zwischenkriegszeit zurück. Die Vorsilbe Neo- stand ursprünglich für die Kritik am klassischen Liberalismus infolge der Weltwirtschaftskrise der 1930er-Jahre. In der Nachkriegszeit war die

Mont Pèlerin Society führend bei der Weiterentwicklung neoliberalen Denkens. Dabei handelte es sich um ein transatlantisches Netzwerk renommierter Ökonomen, bekannter Intellektueller, politischer Berater und zeitweilig auch bedeutender Politiker. Gründungsväter der logenartig organisierten Gesellschaft waren unter anderem Friedrich von Hayek und Ludwig von Mises (als Vertreter der *Austrian School*), Wilhelm Röpke (der den Begriff der *Political Economy* prägte), der französische Konservative Raymond Aron, der ungarisch-britische Sozialphilosoph Michael Polanyi (der Bruder des bekannteren Kapitalismus-Forschers Karl Polanyi) und der Publizist Walter Lippmann, einer der Schöpfer des Begriffs »Kalter Krieg«.

Der Kontext des Ost-West-Konflikts prägte die 1947 gegründete Gesellschaft auf mehrfache Weise. Die Mont Pèlerin Society wandte sich gegen die kommunistische Planwirtschaft und zugleich gegen den Einfluss von Kommunisten und Sozialisten und den staatlichen Dirigismus an der westeuropäischen Heimatfront. Beim ersten Treffen der Gesellschaft, die nach einem Berg nahe des Genfer Sees benannt ist, forderten die Mitglieder ein freies Unternehmertum, freien Wettbewerb, eine freie, marktwirtschaftliche Bildung von Preisen und einen unparteiischen Staat.[4] Mirowski und Plehwe betonen die Vielfältigkeit der Mont Pèlerin Society, die in der Tat ein breites Spektrum von Experten und Ideen vertrat.

Von besonderem Interesse sind die Überschneidungsbereiche zur Politik, die zugleich das Bourdieu'sche »Feld« des Neoliberalismus markieren. Zeitweise waren einige prominente Parlamentarier und Politiker mit der Gesellschaft verbunden, darunter Ludwig Erhard und Luigi Einaudi (der zweite Staatspräsident Italiens und Gründer des gleichnamigen Verlags). Doch Hayek wandte sich ausdrücklich gegen eine zu aktive Rolle bekannter Politiker, um die geforderte Überparteilichkeit des Netzwerks nicht zu gefährden.

Trotz ihrer prominenten Mitglieder übte die Mont Pèlerin Society in den ersten drei Nachkriegsjahrzehnten nur einen begrenzten Einfluss auf die internationale und die jeweiligen nationalen Öffentlichkeiten aus. In den Wirtschaftswissenschaften gab bis in die siebziger Jahre die »neoklassische Synthese« von Paul Samuelson den Ton an. Wie schon der Begriff der Synthese andeutet, enthielt dieses Standardwerk der Volkswirtschaftslehre, das bis heute zur universitären Pflichtlektüre gehört, Keynesianische Elemente.[5]

In den USA wirkte weiterhin der New Deal nach, der Wohlfahrtsstaat wurde insbesondere unter Präsident Johnson ausgebaut. Im westlichen Europa setzte der Wiederaufbau einen dirigistischen Staat geradezu voraus. Die Systemkonkurrenz zwischen Ost und West verstärkte in Europa die ohnehin vorhandene Tendenz zum Ausbau der Sozialsysteme.

Auch das internationale Wirtschaftssystem war durch das Bretton-Woods-System in hohem Maße reguliert. Währungsspekulationen, wie sie seit den achtziger Jahren aufkamen, und flexible Direktinvestitionen in ausländische Märkte waren unter diesen Umständen nicht möglich.

Doch Anfang der siebziger Jahre brach diese wirtschaftspolitische Nachkriegsordnung zusammen. Die USA kündigten Bretton Woods 1971 faktisch auf, die Ölkrise beendete die *trentes glorieuses* und brachte eine Spirale der Inflation in Gang. Bereits zuvor erzeugte die industrielle Massenproduktion auf globaler Ebene einen immer schärferen Konkurrenzdruck.

Dies nahm den Umschwung von einer auf Nachfrage orientierten Wirtschaftspolitik auf eine angebotsorientierte Politik in mancher Hinsicht vorweg. Außerdem versagte der Keynesianismus bei der Bewältigung der Krise, wobei hier kulturelle Elemente ins Spiel kamen. Die westlichen Industriegesellschaften ließen sich nicht mehr so steuern wie zuvor, und die Kritik an der Machtposition des Staates nahm auch von links zu.[6] Ein weiteres Problem war die Krise der Sozialsysteme, die auf

Zeiten der Vollbeschäftigung und nicht auf stark steigende Arbeitslosigkeit und immer mehr Empfänger von Sozialleistungen ausgelegt waren.

Aufgrund der »Stagflation« (geringes Wirtschaftswachstum in Kombination mit hoher Inflation) nach der Ölkrise und der steigenden staatlichen Budgetdefizite gerieten die Keynesianer in den USA und England und mit Verzögerung in Kontinentaleuropa in die Defensive.

Der Aufstieg des Neoliberalismus

Anstelle der Regulierung der Wirtschaft und der staatlichen Stützung der Nachfrage setzten Ökonomen vermehrt auf die Kräfte des Marktes. Was das genau bedeutete, wurde selten positiv definiert, aber ex negativo stets mit einer mehr oder weniger prononcierten Kritik am Staat und dessen vermeintlicher Übermacht verbunden. Dieser Paradigmenwechsel wurde wesentlich von der Chicago School rund um Milton Friedman beeinflusst, einem Anhänger Hayeks und langjährigen Mitglied und Präsidenten der Mont Pèlerin Society. Gerade weil der Begriff des Markts eher vage blieb, eignete er sich als rhetorische Figur, die weit über die innerwissenschaftlichen Debatten hinausreichte.

Ein frühes Beispiel neoliberaler Diskurse und Kommunikationsstrategien war eine zehnteilige TV-Serie, die Friedman 1980 für PBS, das Äquivalent zum öffentlich-rechtlichen Fernsehen in den USA, produzierte.[7] Die Serie hieß »Free to Choose« und gleich die erste, von cooler Fusion-Musik und einem Sonnenaufgang über Manhattan eingeleitete Serie hatte den programmatischen Titel »The Power of the Market«.[8]

Friedman propagierte in dieser Serie die Basics der Reaganomics, möglichst wenig Staat und Steuern, möglichst viel Freiheit für die Unternehmen und die individuellen Bürger. Ein ganz wichtiger Punkt war die Reduktion der Inflation, die Ende der siebziger Jahre zweistellige Jahresraten erreichte und eine massive Abwertung des Dollar zur Folge hatte, und die indirekte Steuerung der Wirtschaft durch die Geldmenge bzw. den Monetarismus. Die tatsächliche Politik Reagans wich von diesen Vorgaben ab. Die Hochrüstungspolitik nach dem sowjetischen Einmarsch in Afghanistan wirkte wie ein Konjunkturprogramm, der Aufschwung wurde zu einem guten Teil durch höhere Staatsschulden finanziert. Außerdem gab es eine Reihe systemimmanenter Widersprüche, zum Beispiel war die Zentralbank doch eine staatliche Institution, was zu jahrelangen Debatten zwischen verschiedenen Vertretern der Chicago School führte, die man demnach nicht zu sehr als homogene Einheit betrachten sollte.

Auch an den Börsen, der Bastion der Reagonomics, lief keineswegs alles glatt. Im Oktober 1987 verzeichnete die Wall Street den größten Tagesverlust ihrer Geschichte, am »Schwarzen Montag« brachen die Kurse um mehr als 22 Prozent ein. Doch diese Rückschläge führten zu keinem wirtschaftspolitischen Kurswechsel, George Bush, Reagans langjähriger Vize, gewann die Präsidentschaftswahlen von 1988 gegen seinen demokratischen Herausforderer mit Leichtigkeit.

Die lange republikanische Vorherrschaft war indes einer der Gründe, warum der Neoliberalismus einen negativen Beigeschmack bekam. Die liberalen und linken Kritiker arbeiteten sich vor allem an dessen Sozial- und Wirtschaftspolitik ab und griffen Reagans ökonomische Berater an. In Großbritannien provozierte Margaret Thatcher noch schärfere Kontroversen und Konflikte.

Sie steht wie kein anderer Politiker für den Argumentationsmodus neoliberaler Reformen und Einschnitte. Thatchers Leitspruch »There is no alternative« (abgekürzt und verballhornt als TINA) wurde seit den achtziger Jahren unzählige Male wiederholt, auch von Gerhard Schröder und Angela Merkel. Die Inflation des antipolitischen Attributs »alternativlos« ließ in Deutschland erst nach, als es zum Unwort des Jahres 2010 erklärt wurde.

Egal wie man zu den Reagonomics und zum Thatcherismus steht – den Vereinigten Staaten und England gelang Anfang der achtziger Jahre nach langer Rezession eine wirtschaftliche Wende. Die Inflation ging zurück, die Wirtschaft wuchs wieder und das verstärkte den generellen Wertewandel zu mehr Individualismus, Gewinnstreben (dafür stand archetypisch der Yuppie) und Unternehmertum. Die westeuropäischen Wohlfahrtsstaaten wirkten im Vergleich dazu behäbig und im Wortsinn konservativ, auch wenn sie noch von Sozialdemokraten oder Sozialisten regiert wurden wie Frankreich oder Österreich.

Die Rolle Frankreichs

Der westliche Nachbar der Bundesrepublik verdient auch deshalb besondere Erwähnung, weil François Mitterand nach seinem Wahlsieg von 1981 einen genau entgegengesetzten wirtschaftspolitischen Kurs verfolgte. Er setzte auf höhere Staatsausgaben und staatliche Interventionen, um die Wirtschaft nach der zweiten Ölkrise anzukurbeln. Doch die Inflation blieb hoch, die Schulden stiegen, das Wirtschaftswachstum wollte nicht anspringen, und der Franc stand unter ständigem Abwertungsdruck gegenüber der D-Mark. Bereits zwei Jahre nach seinem Amtsantritt musste sich Mitterand dem Druck der internationalen Finanzmärkte beugen und ein Sparprogramm auflegen, um eine weitere Abwertung der Landeswährung und eine noch höhere Inflation abzuwenden.

In der Bundesrepublik stürzte wegen des ausufernden Staatsdefizits und der strittigen Strategie zur Bewältigung der damaligen Rezession 1982 die sozialliberale Regierung. Auch in Bonn hatte der Keynesianismus ausgedient, die neue Regierung unter Helmut Kohl wandte sich unter dem Einfluss der FDP marktliberalen Ideen zu. Aus dem Munde Kohls klang das wie folgt: »Weg von mehr Staat, hin zu mehr Markt; weg von kollektiven Lasten, hin zur persönlichen Leistung; weg von verkrusteten Strukturen, hin zu mehr Beweglichkeit, Eigeninitiative und verstärkter Wettbewerbsfähigkeit.«[9] Markanter war der Paradigmenwechsel an den ökonomischen Fakultäten und Forschungsinstituten. Dort erreichte die neoklassische Wirtschaftslehre eine unanfechtbare Vormachtstellung. Auch hier sollte man sich vor Vereinfachungen und Gleichsetzungen mit dem Neoliberalismus hüten. Aber es entwickelte sich doch ein Kern gemeinsamer Anschauungen, allen voran die Quantifizierbarkeit der Welt, die Gleichgewichtstheorie bzw. die Annahme, dass die Märkte am besten ohne staatliche Eingriffe ein Equilibrium zwischen Angebot und Nachfrage herstellen – hierfür steht die auf Adam Smith zurückgehende, parareligiöse Formel von der »unsichtbaren Hand« der Märkte – und der rational nur bedingt begründbare Glauben an die Rationalität der Marktteilnehmer – hier wirkten die in den achtziger Jahren viel diskutierten Rational Choice Theorien ein.

Will man sich der Metapher des Equilibriums bedienen, verschoben sich Ende der achtziger Jahre die Gewichte nochmals. Das hing eng mit dem Niedergang des Staatssozialismus zusammen. Die von Michail Gorbatschow in Gang gesetzte und von vielen Hoffnungen begleitete Perestroika war eine Strategie gradueller Reformen im Rahmen des existierenden Systems. Ab 1988 war bereits erkennbar, dass die Perestroika die Probleme des Staatssozialismus eher verschärfte als verringerte.[10] In Polen war die ökonomische Krise so tief, dass sich die Regierung entschied, auf die Opposition zuzugehen. Daraus gingen der Runde Tisch, die Wahlen vom Juni 1989 und die Teilung der Macht hervor.

Das Scheitern der Perestroika beförderte die Neigung zu radikalen Reformen. Bereits 1988 berichtete die polnische Wochenzeitung *Polityka* über den wachsenden Einfluss der »östlichen Thatcheristen«.[11] Damit war unter anderem Leszek Balcerowicz gemeint, der 1989 nach der Absage des eigentlichen Favoriten auf den denkbar undankbaren Posten des Wirtschaftsministers der

ersten postkommunistische Regierung berufen wurde. Balcerowicz war mit einer verzweifelten Lage konfrontiert: Die teilweise
Liberalisierung der Wirtschaft und Freigabe der Preise unter
den Kommunisten, vor allem für landwirtschaftliche Produkte,
hatte eine Spirale der Inflation in Gang gesetzt. Die großen
Kombinate erwirtschafteten mehr Verluste als Gewinne, die aus
dem Staatshaushalt nicht mehr zu decken waren. Außerdem war
Polen im Ausland hoch verschuldet (offiziell mit etwa 70 Prozent
des BIP, was heute mäßig erscheinen mag, aber für die Abzahlung
dieser Schulden hätte Polen die Exporteinnahmen von fast zwei
Jahren aufwenden müssen).

Im Herbst 1989 entwickelte Balcerowicz einen Plan radikaler Reformen, auf den gleich näher eingegangen wird. Die
anderen staatssozialistischen Staaten standen mit Ausnahme der
gering verschuldeten Tschechoslowakei kaum besser da.

Das Riesendefizit der UdSSR

Das höchste Budgetdefizit erwirtschaftete die Sowjetunion,
die sich mit einem auf Konsum orientierten Ausgabenpro-
gramm bei gleichzeitig sinkenden Einnahmen für Rohstoffex-
porte direkt in die Pleite wirtschaftete. Ablesbar war das unter
anderem an der steigenden Inflation, die in Jugoslawien bereits
außer Kontrolle geriet. Der wirtschaftliche Niedergang Jugoslawiens war insofern von Bedeutung, als dieses Land wie kein
anderes für einen »dritten Weg« zwischen Kapitalismus und der
Planwirtschaft sowjetischer Prägung stand.

All diese Probleme und die Dramatik der Schulden- und
Budgetkrise des Ostblocks und insbesondere der Sowjetunion
waren im Westen nur teilweise bekannt, lösten jedoch eine starke
Reaktion aus. Bereits Anfang 1989 schrieb das Publikumsmagazin
The New Yorker: »Der Kampf zwischen Kapitalismus und Sozia-
lismus ist beendet: Der Kapitalismus hat gesiegt.«[12] Der Beitrag

stammte bezeichnenderweise aus der Feder eines Ökonomen (Robert Heilbroner), der seine Laufbahn als Marxist begonnen hatte. Im Frühjahr veröffentlichte Francis Fukuyama seine viel diskutierte These vom »Ende der Geschichte«, wonach künftig keine andere Ordnung als eine Kombination aus freier Marktwirtschaft und Demokratie erwartbar sei.

Im weiteren Verlauf des Jahres 1989 vereinbarten die Weltbank, der IWF, das US-Finanzministerium und hochrangige Mitglieder des US-Kongresses den sogenannten »Washington Consensus«. Eigentlich zielte dieser »Konsens« auf die überschuldeten, von hoher Inflation geplagten Länder Südamerikas ab, aber er diente dann als Blaupause für die Wirtschaftspolitik in diversen postkommunistischen Staaten, allen voran Polen. Es würde hier zu viel Platz beanspruchen, alle zehn ökonomischen Gebote des Washington Consensus detailliert wiederzugeben.

Am Anfang des Dekalogs stand die ökonomische »Stabilisierung« von Ländern mit hoher Inflation und Schulden durch eine strikte Spar- bzw. Austeritätspolitik. Weitere wichtige Elemente waren die Triade Liberalisierung, Deregulierung und Privatisierung. Auch »Foreign Direct Investments« und somit der globale Finanzkapitalismus kamen bereits vor.[13] Der Washington Consensus kann somit zugleich zur quellengestützten bzw. geschichtswissenschaftlichen Definition des Neoliberalismus dienen.[14] Bemerkenswert ist nicht zuletzt die Bezeichnung als Konsens – damit fiel Kritikern automatisch die Rolle von Abweichlern zu. Diese globalen Weichenstellungen sind nicht zuletzt deshalb erwähnenswert, weil das Jahr des Mauerfalls meist als ein rein regionales, mittel- und osteuropäisches Ereignis rezipiert wird. Es gab auch ein globales Jahr 1989.[15]

Während der Washington Consensus damals nur unter Experten Verbreitung fand, erreichte Milton Friedman einmal mehr ein Massenpublikum. 1990 erhielt der Ökonom den Auftrag, für PBS eine Neuauflage seiner Fernsehserie aufzulegen. Dieses Mal führten prominente Politiker und Schauspieler wie

Ronald Reagan, der ehemalige Außenminister George Shultz und Arnold Schwarzenegger in die Sendungen ein und gaben ihnen dadurch zusätzliches Gewicht. Die dritte Folge der fünfteiligen Serie war dem »Scheitern des Sozialismus« gewidmet. Es ging dabei weniger um das Ende des Kommunismus, sondern vor allem um die weiteren Reformen. Friedman forderte eine »unbeschränkte« und »reine« Marktwirtschaft.

Friedman als TV-Propagandist

Der Ökonom führte durch die Sendung wie der gute und weise Onkel aus Amerika, der den armen Ostmitteleuropäern erklärt, wie sie die Reformen anzupacken haben. Bürgerrechtler wie Václav Havel oder Lech Wałęsa, die tatsächlich die Freiheit ihrer Länder erkämpft hatten, kamen nicht vor. Stattdessen durfte der tschechische Finanzminister Václav Klaus als mutiger Reformer auftreten. Er bewirtete Friedman und dessen artig dabeisitzende Ehefrau Rose in einem realsozialistischen Ambiente mit Kaffee und Kuchen und wiederholte dann, was im Sinn der Sendung lag: Zukunft hat ausschließlich die freie Marktwirtschaft, auf die politischen Freiheiten müssen jetzt wirtschaftliche folgen. Diese Ökonomisierung des Freiheitsbegriffs prägte die gesamten neunziger Jahre und war einer der Gründe dafür, warum dieser Begriff und andere Werte der Revolution in postrevolutionären Gesellschaften sehr bald an Ausstrahlung verloren.

Das galt nicht für die Lehren der Chicago School und die Standardrezeptur des Washington Consensus. Diese wurde im Laufe der neunziger Jahre in allen postkommunistischen Ländern angewandt, auch jenen, die anfangs noch zögerten, radikale Reformen einzuführen. Der Grund für diese Hegemonie lag wie bereits angedeutet im Zusammenwirken westlicher und osteuropäischer Krisen- und Reformdiskurse. Begreift man den Kalten Krieg nicht ausschließlich als Konflikt und Konfrontation, sondern als System kommunizierender Röhren, wird die Hegemonie des Neoliberalismus auch in den osteuropäischen Ländern besser verständlich.[16] Wie am Beispiel von Balcerowicz, Václav Klaus oder in Russland von Jegor Gaidar zu ersehen ist, nahmen die regionalen Reformeliten diese Ideologie gerne auf. Das lag nicht zuletzt daran, dass bei der erwähnten Systemkonkurrenz innerhalb des Westens Ende der 1980er-Jahre keine besseren Alternativen erkennbar waren. Die Vorschläge eines dritten Wegs litten abgesehen vom abschreckenden wirtschaftlichen Niedergang Jugoslawiens darunter, dass sie zu abstrakt blieben. Dagegen boten die Rezepturen des Washington Consensus konkrete Maßnahmen und eine Zukunftsperspektive, wenngleich unter der Prämisse, dass zunächst ein »Tal der Tränen« zu durchlaufen sei. Diese Grundidee fand nicht zuletzt deshalb so viel Anklang, weil die stalinistische und etwas eingeschränkt die staatssozialistische Modernisierung auf ähnlichen Prämissen beruhte: Opfer in der Gegenwart zugunsten einer besseren Zukunft.

Die Praxis des Neoliberalismus

Das Musterland radikaler Reformen war zunächst Polen. Im Herbst 1989 verabschiedete die im Juni gebildete Regierung den zehnteiligen Balcerowicz-Plan. Dessen Grundidee war ein Big Bang: Wenn man die unsinnigen Subventionen für Lebensmittel, Energie, Mieten und viele Artikel des täglichen Bedarfs abschaffte, die Preise für alle Produkte freigab, die unrentablen Großbetriebe privatisierte und die Grenzen für ausländische Firmen öffnete, dann würde die polnische Wirtschaft nach einer kurzen, schmerzhaften Anpassungsperiode ein »Equilibrium« erreichen und wieder zu wachsen beginnen. Für diese Ideen stand auch Jeffrey Sachs, ein Ökonomie-Professor aus Harvard, der die Idee einer Schocktherapie 1985/86 Bolivien empfohlen hatte. Er residierte mit weiteren amerikanischen Beratern im damals besten Hotel in Warschau, was der Gruppe den Spitznamen »Brygada Marriotta« einbrachte. Das Charisma und das ausgeprägte Selbstbewusstsein des jugendlichen Sachs waren mit entscheidend dafür, dass sich die Führungsriege der Solidarność auf Reformen einließ, die eigentlich den Interessen ihrer eigenen Klientel in den Werften und anderen sozialistischen Großbetrieben zuwiderlief.

Zu dem Plan gehörte ein Lohnbegrenzungsgesetz, das alle Lohn- und Gehaltssteigerungen bei staatlichen Unternehmen oberhalb der Inflationsrate mit hohen Strafsteuern für den jeweiligen Betrieb belegte. Dieses strikte Austeritätsprogramm und die Abwertung des Złoty führten im Jahr 1990 zu einem Absinken der polnischen Reallöhne um 46 Prozent. In der relativ wohlhabenden Hauptstadt Warschau und der umgebenden Woiwodschaft betrug das monatliche Durchschnittseinkommen umgerechnet nur gut 60 Dollar pro Kopf.[17]

Balcerowicz ging bei seinen Reformen von einem Einbruch des BIP um etwa fünf Prozent und einer ansteigenden, aber nicht katastrophalen Arbeitslosigkeit aus. De facto ging das polnische Bruttoinlandsprodukt 1990 und 91 um 18 Prozent zurück, die Industrieproduktion sank um fast ein Drittel, die Inflation ließ sich nicht so einfach bezwingen wie gedacht, außerdem entstand ein Heer an Arbeitslosen, 1992 waren bereits 2,3 Millionen Polen bzw. 13,5 % der Erwerbstätigen ohne Beschäftigung.[18]

Diese Rückschläge änderten aber wenig am Konsens für radikale Reformen. Der linke Flügel des Solidarność war in die Regierung einbezogen (unter anderem in der Person des charismatischen Arbeitsministers Jacek Kuron), und linksliberale Intellektuelle wie Adam Michnik (der Gründer der *Gazeta Wyborcza*, in den neunziger Jahren die auflagenstärkste und beste Zeitung Polens und Ostmitteleuropas) vertraten ganz offen die Ansicht, dass die breiten Massen von Wirtschaftspolitik wenig verstünden und daher rasche und nicht mehr rückgängig zu machende Reformen das beste Rezept seien.[19]

In der Tschechoslowakei und in Ungarn war der ökonomische Einbruch weniger tief, was teils an besseren wirtschaftlichen Voraussetzungen, teils an der gemäßigteren Reformstrategie lag. Die von Václav Klaus erfundene Kupon-Privatisierung erhöhte die Kaufkraft der Bevölkerung, die Nachfrage brach nicht so dramatisch ein wie in Polen. Die sogenannte »kleine« Privatisierung schuf vielfältige Möglichkeiten für neue Unternehmen, außerdem ließ Klaus die Zollschranken nur langsam fallen und die tschechoslowakische Krone stark abwerten (de facto auf das Niveau des Schwarzmarktkurses), sodass die heimische Wirtschaft besser mit ausländischen Unternehmen konkurrieren konnte.

Klaus als Thatcher-Anhänger

Dieser pragmatischen Herangehensweise stand eine scharfe neoliberale Rhetorik gegenüber. Václav Klaus präsentierte sich vor allem im Ausland als Anhänger von Margaret Thatcher und forderte eine Marktwirtschaft »ohne Attribute«. Diese neoliberalen Speech Acts von Klaus, Balcerowicz, Gaidar und zahlreichen anderen Reformpolitikern dienten zum einen der eigenen Selbstvergewisserung, zum anderen dem Wettbewerb um internationale Investoren.

In Deutschland war die neoliberale Rhetorik weniger ausgeprägt, weil die Regierung Kohl es vermeiden wollte, den Arbeitnehmerflügel der Union und die Gewerkschaften gegen sich aufzubringen. De facto wurde Ostdeutschland jedoch einer mindestens so radikalen Schocktherapie unterworfen wie Polen. Den ersten Schock brachte die Währungsunion vom 1. Juli 1990 mit sich. Bis auf wenige Ausnahmen (Sparguthaben ab einer gewissen Höhe und Schulden der Betriebe) wurde die

Ostmark zu einem Kurs von 1:1 für eine D-Mark umgewertet. Die DDR-Außenhandelsbank berechnete 1988 intern einen Kurs von 4,40 Ostmark für eine DM, um DDR-Produkte im Ausland überhaupt absetzen zu können. Der Schwarzmarktkurs sank im Winter 1989/90 zeitweilig auf 1:15 oder sogar noch tiefer. Die Währungsunion brachte demnach eine mindestens vierfache Aufwertung mit sich, während die Tschechoslowakei die Krone etwa auf ein Drittel des früheren offiziellen Kurses abwertete. Damit war von vorherein klar, dass die ostdeutsche Industrie – man könnte symbolisch einen Wartburg herausgreifen – nie und nimmer mit einem Škoda oder anderen tschechischen Produkten konkurrieren konnte und sich Produktionsverlagerungen in der Industrie über Ostdeutschland hinweg ereignen würden.

Der zweite Schock folgte durch die rasche Liberalisierung des Außenhandels. Mit dem Beitritt der »Fünf Neuen Länder« zur Bundesrepublik und zugleich zur EG fielen wie im Washington Consensus vorgesehen sämtliche Handelsschranken. Diesem Konkurrenzdruck war die ostdeutsche Wirtschaft nicht gewachsen. Eine dritte Besonderheit der deutschen Transformation war die besonders radikale Privatisierung, bei der ein grundlegender Marktmechanismus außer Acht gelassen wurde. Zeitweilig unterstanden der Treuhand 12.354 Unternehmen mit mehr als vier Millionen Beschäftigten. Wenn derart viele Unternehmen auf einen Schlag zum Kauf angeboten wurden, musste deren Preis drastisch sinken. So kam es zum Treuhand-Verlust von über 250 Milliarden DM, ein knappes Drittel der Betriebe konnte gar nicht verkauft werden und wurde »abgewickelt«.[20]

Das Resultat dieser neoliberalen Reformstrategie war ein Einbruch der Industrieproduktion auf 27 Prozent des Wertes von 1988.[21] Außer dem vom Krieg zerstörten Bosnien und Herzegowina erlebte kein anderes Land in Europa einen annähernd drastischen Rückgang. Die Bundesregierung reagierte auf die wirtschaftliche Misere mit einer sozialstaatlichen Kalmierung. Die Transformationsverlierer wurden mit Arbeitslosengeld,

ABM und Frühverrentungsprogrammen abgefunden. Der Ökonom Hans-Werner Sinn, der vor den Risiken der Währungsreform gewarnt hatte, nannte die Wirtschaftspolitik in Ostdeutschland »eine Konkursverwaltung mit Sozialplan«.[22] Die Fallbeispiele Polens und Ostdeutschlands zeigen trotz aller Unterschiedlichkeit, dass sich die häufig aufgestellte Behauptung, die Schocktherapie bzw. radikale Reformen seien die Grundlage späterer ökonomischer Erfolge, nicht aufrechterhalten lässt, jedenfalls nicht im Sinne einer Kausalerklärung von Ursache und Wirkung. Insbesondere in Polen müsste man dann auch die Politik der Postkommunisten berücksichtigen, die 1993 an die Macht kamen und die Reformen zwar nicht aufhoben, aber modifizierten, insbesondere bei der Privatisierung der Großindustrie, die oft etliche Jahre unter staatlicher Regie weitergeführt wurde. Offensichtlich hat dieser Pragmatismus nicht geschadet.

Ein weiterer, allerdings schwer quantifizierbarer und daher von Ökonomen vernachlässigter Faktor des bis in die jüngste Zeit anhaltenden Aufschwungs Polens war das Humankapital. Aufgrund der Mangelwirtschaft im Staatssozialismus und der relativ großen Nischen für die Privat- und Schattenwirtschaft lernten Millionen Polen marktwirtschaftlich zu denken und handeln, ehe die Marktwirtschaft zu ihnen kam. Dagegen wurde der Mittelstand der DDR nach der Einheit massiv geschwächt, einerseits durch die übermächtige Konkurrenz aus Westdeutschland, zum anderen durch Abwanderung. Bis 1994 verließen etwa 1,4 Millionen Ostdeutsche ihre Heimat, die Tschechoslowakei verzeichnete bis 1993 eine etwa gleich hohe Zahl an Unternehmensgründungen.

Anhänger der Schocktherapie – im Herbst 2014 wurde in der einflussreichen Zeitschrift *Foreign Affairs* einmal mehr behauptet, dass sie der Grund späterer Erfolge gewesen sei[23] – sollte auch der Verlauf der Transformation in der Russländischen Föderation nachdenklich stimmen. Russland erlebte in den neunziger Jahren einen wirtschaftlichen Einbruch in der Dimension der Weltwirtschaftskrise in den 1930er-Jahren.[24] Jeffrey Sachs diente auch dort als Berater, aber offensichtlich wirkten die Reformrezepte schlechter als in Polen. Das Hauptproblem in Russland und den anderen Nachfolgestaaten der Sowjetunion war die Schwäche des Staates auf allen Ebenen. 1994/95 übertrug die russische Regierung unter dem kranken Präsidenten Jelzin die Versteigerung staatlicher Betriebe den Banken, die dem Staat dafür weiteren Kredit gaben – offiziell hieß diese Privatisierung der Privatisierung »loans for shares program«.

Die Macht der Oligarchen

Die Banken wurden überwiegend von Oligarchen kontrolliert, die zugleich direkten Einfluss auf die Regierung und Insider-Wissen über die Unternehmen besaßen. Infolgedessen wurden die Betriebe weit unter Wert verkauft. So bezahlte Michail Chodorkowski für die Gas- und Ölkonzerne Yukos lächerliche 350 Millionen US-Dollar, zwei Jahre später lag der Börsenwert bei neun Milliarden Dollar.[25] Dieser Betrug zulasten des Staates und die grassierende Korruption werden häufig kulturellen Spezifika der Sowjetunion und ihrer Nachfolgestaaten zugeschrieben, so etwa der Neigung zum nicht monetarisierten Austausch von Vorteilen und der bereits im Sozialismus erprobten Vetternwirtschaft.

Doch es handelte sich auch um Systemfehler des Neoliberalismus. Die libertäre Skepsis gegenüber dem Staat und das »big government« gingen an den Realitäten Russlands und des postkommunistischen Europas vorbei. Dort wäre eigentlich zuerst eine Reform und Stärkung der staatlichen Strukturen oder jedenfalls eine andere Sequenz der Reformen nötig gewesen.

Auch bei den Staaten, die als Vorreiter der Reformen galten, gab es diverse Probleme. Ungarn geriet 1994/95 in eine Budget- und Schuldenkrise, die nur mit einem strikten Austeritätsprogramm überwunden werden konnte. Das nach dem damaligen Finanzminister benannte Bokros-Paket hatte zur Folge, dass 30 Prozent der Bevölkerung unter die Armutsgrenze rutschten. Tschechien wurde 1996 von einer Bankenkrise erschüttert, die zu einer Rezession und zum Sturz von Václav Klaus führte. In Ostdeutschland verpuffte der kurze Boom nach der Einheit, ab 1996 konnten die Fünf Neuen Länder ihren wirtschaftlichen Rückstand zum Westen nicht mehr verringern, wegen der hohen Arbeitslosigkeit nahm die Abwanderung in den Westen wieder zu.

In Russland führte die Rubelkrise von 1998 zu einer weiteren massenhaften Verarmung, dort sank die Lebenserwartung in den neunziger Jahren um drei Jahre auf 64 Jahre und bei den Männern sogar auf unter 60 Jahre – das waren schlechtere Werte als in etlichen Entwicklungsländern. Polen erlitt wie erwähnt in den 1990er-Jahren keinen zweiten wirtschaftlichen Einbruch, aber dort entstand ähnlich wie in der Slowakei und in Ungarn eine tiefe Kluft zwischen den Wachstumszentren und den östlichen Landesteilen.

Angesichts all dieser Fehlschläge und Probleme stellt sich die Frage, warum sich die neoliberale Ordnung so weitgehend durchsetzen konnte. Ein Stück weit kann man das Festhalten am Neoliberalismus psychologisch erklären. Der Sprung ins kalte Wasser der Reformen war so tief und verunsichernd, dass die neoliberalen Lehren und Zukunftsverheißungen wie ein Rettungsring wirkten, an dem sich die neuen Eliten – auch mangels überzeugender Gegenmodelle – mit aller Kraft festhielten. Außerdem entwickelten Länder wie Rumänien und Bulgarien, die Anfang der 1990er-Jahre mit durchgreifenden Reformen gezögert hatten, sich noch schlechter, machten mehrere Inflationsschübe durch und mussten sich letztendlich ebenfalls dem üblichen Maßnahmenpaket aus Austerität, Privatisierung und Liberalisierung unterziehen.

Schließlich spielten erneut globale Dynamiken eine entscheidende Rolle. Mitte der neunziger Jahre erreichte die neoliberale Quantifizierung der Welt eine neue Dimension. Anfang 1994 begründete das englischsprachige Nachrichten- und Wirtschaftsmagazin *The Economist* den »Emerging Market Index«. Allein die Bezeichnung dieser wöchentlichen Rubrik ist eine eigene Betrachtung wert, denn hier wurden ganze Länder und Gesellschaften mit Märkten gleichgesetzt. 1995 etablierten die konservative Heritage Foundation und das marktliberale *Wall Street Journal* den »Open Market Index«, bald darauf folgten der »Global Competitiveness Index«, der »International Property Rights Index« und der »Ease of Doing Business Index«.

Diese Indizes, die alle von privaten Institutionen erfunden wurden, wirkten wie ein internationaler Wettbewerb, welches Land die freieste Marktwirtschaft und die niedrigsten Steuern einführt. Die Favoriten der Indizes waren ursprünglich Ungarn und die Tschechische Republik, später die Baltischen Staaten, Polen und die Slowakei, nach der Jahrtausendwende wurden die Baltischen Staaten, die Slowakei und in Westeuropa Irland als »Tigerstaaten« gehypt.

Die ehemalige DDR verschwand aus dem Blick der Indizes und eines Großteils der englischsprachigen Transformationsforschung, weil sie in der Bundesrepublik aufgegangen war. Doch 1999 bezeichnete der *Economist* die Bundesrepublik als »den kranken Mann des Euro« – indirekt eine Reminiszenz an das Osmanische Reich vor dem Ersten Weltkrieg.[26] Dies verstärkte die bereits seit der Endzeit von Bundeskanzler Kohl in Gang gekommene Diskussion über den »Reformstau« in Deutschland. Der Blick der deutschen Öffentlichkeit richtete sich zunehmend nach Ostmitteleuropa, wo die Wirtschaft besser lief als in Ostdeutschland. Gerhard Schröder bewunderte vor allem Tony Blairs »New Labour«.

In Ostmitteleuropa bekam der Neoliberalismus unterdessen einen neuen Dreh. Seit dem Ende der 1990er-Jahre ging es dort nicht mehr so sehr um die Privatisierung der Staatsbetriebe, sondern um staatliche Kernkompetenzen wie die Altersvorsorge und das Gesundheitssystem. Wie Mitchell Orenstein gezeigt hat, führte ein postkommunistisches Land nach dem anderen privatwirtschaftlich organisierte Rentensysteme ein.[27] Ein weiteres Kennzeichen der zweiten Welle des Neoliberalismus waren die Diskurse um stark vereinfachte und erniedrigte Steuersätze, die sogenannte Flat Tax, die dann tatsächlich in fast allen postkommunistischen Ländern eingeführt wurde. Davon profitierten vor allem Besserverdiener, während die unteren Einkommensschichten Kaufkraft einbüßten.

Auf besondere Aufmerksamkeit in Österreich und Deutschland stieß der Fall der Slowakei, die 2004 die Einkommens-, Mehrwert-, Umsatz- und Unternehmenssteuern auf einheitliche 19 Prozent festlegte. Der Staat verlor dadurch Steuereinnahmen und sozialpolitischen Gestaltungsspielraum, der Anteil der Sozialausgaben am Bruttoinlandsprodukt sank von 19,5 Prozent auf 16 Prozent. Das entspricht auch in etwa dem Durchschnitt in den neuen EU-Mitgliedsstaaten.[28] Zum Vergleich: Die westeuropäischen Staaten gaben 2006 knapp 26 Prozent ihres BIP für Sozialausgaben aus.

In der Bundesrepublik war die Flat Tax wegen der langen sozialstaatlichen Tradition nicht durchsetzbar. Aber die Schröder'sche »Agenda 2010« unterzog die Sozialsysteme der durchgreifendsten Reform der Nachkriegszeit. Die rot-grüne Koalition schaffte die prinzipiell unbegrenzte Bezugsdauer des Arbeitslosengeldes ab, aus dem Anspruchsprinzip wurde ähnlich wie bei der kommunalen Sozialhilfe ein Bedürftigkeitsprinzip. Demnach richteten sich die Ansprüche auf Zahlungen der Sozialversicherungen nicht nach den eingezahlten Beiträgen, sondern dem persönlichen Vermögen. Mit Hartz IV wurde außerdem ein Niedriglohnsektor geschaffen, der die

Einkommen in etwa auf das Niveau des tschechischen oder polnischen Durchschnittslohns absenkte.

Die Bundesrepublik verwarf damit die Idee einer raschen Verwestlichung Ostdeutschlands und passte die Einkommensverhältnisse der »Arbeitssuchenden« – Arbeitslose sollte es fortan nicht mehr geben – an die östlichen Nachbarn an. Die Idee eines Niedriglohnsektors stammte ursprünglich von Milton Friedman, wurde aber nach Feldversuchen in einigen »Rust Belt«-Staaten im Mittleren Westen nicht weiter verfolgt. Seltsamerweise ist eine umfassende Diskussion über die Folgen der Hartz-Reformen bislang ausgeblieben, auch anlässlich ihres zehnjährigen Jubiläums. Auf der einen Seite steht fast eine Halbierung der Arbeitslosenzahlen in einem Zeitraum von nur zehn Jahren. Doch dies war gepaart mit einem Anstieg der sozialen Ungleichheit, die in Deutschland heute höher ist als in postkommunistischen Ländern wie der Slowakei und Ungarn.

Niedergang des Neoliberalismus

In der Bundesrepublik kann man den Höhepunkt des Neoliberalismus auf das Jahr 2003 datieren, in Österreich auf die Zeit der schwarz-blauen Koalition. Die CDU warb im Leipziger Parteiprogramm für einen Einheitsbeitrag zu den Krankenkassen, also gewissermaßen eine Flat Tax im Gesundheitssystem. Die damalige Oppositionsführerin Angela Merkel versuchte die rot-grüne Koalition auch mit anderen Reformforderungen zu überbieten. Doch mit diesem Programm erzielte Angela Merkel bei den Bundestagswahlen von 2005 ein Ergebnis, das weit unter den Erwartungen lag. Die anschließende Große Koalition veränderte die politische Dynamik, die Union und die SPD konkurrierten nun mehr um ihr sozialpolitisches Profil. Ähnlich wie in Ostmitteleuropa wurden die bereits beschlossenen Reformen aber nicht mehr zurückgenommen.

Auf globaler Ebene und im östlichen Europa brachte die Krise von 2008/09 einen tiefen Einschnitt mit sich. In einigen Ländern schrumpfte die Wirtschaft um 15 Prozent, Lettland war der negative Rekordhalter mit einem Rückgang des BIP um 18 Prozent. Auch Ungarn und Rumänien wurden hart getroffen. Nur Polen konnte sich der Krise weitgehend entziehen und verbuchte als einziger EU-Staat ein Wachstum von knapp zwei Prozent. Die Analyse von Bohle und Greskovits zeigt, dass jene Länder besonders unter der Krise litten, die sich der neoliberalen Ordnung und westlichem Spekulationskapital besonders weit geöffnet hatten.[29]

Nach dem New Yorker Börsencrash von 2007 und der Pleite von Lehman Brothers versiegten die Kapitalströme nach Osteuropa schlagartig, einige Länder standen kurz vor dem wirtschaftlichen Zusammenbruch. Angesichts des Verlaufs der Krise kann man zwei Typen von Staaten unterscheiden: jene Länder, in denen die Foreign Direct Investments primär in das produzierende Gewerbe geflossen waren, Polen, Tschechien, die Slowakei und eingeschränkt auch Ungarn, sowie jene Länder, in denen die FDI in den Finanz- und Immobiliensektor investiert worden waren – dort bildete sich eine Spekulationsblase, die 2008 plötzlich platzte.

Ein besonderes Problem waren die Fremdwährungskredite, die die Banken ihren Kunden geradezu aufgeschwatzt hatten. Solange die einheimischen Währungen stabil blieben, waren diese Kredite ein ganz gutes Geschäft, weil sie niedriger verzinst waren. Doch 2009 verloren der Forint, der Leu, die Hrywnia und andere Währungen schlagartig an Wert, entsprechend stiegen die Schulden.

Der Aufstieg von Viktor Orban beruht nicht zuletzt auf der akuten Notlage vieler Kreditnehmer, denn er versprach dem ungarischen Mittelstand den Schutz vor den internationalen Banken, die in der Tat an den Krediten gleich mehrfach verdient hatten, bei der Umwertung in die nationalen Währungen (die

Auszahlung und die Rückzahlung erfolgte in den jeweiligen nationalen Währungen) und durch die lediglich teilweise Weitergabe des Zinsvorteils (z.B. bei den Frankenkrediten, die auch in Österreich massenhaft vergeben wurde). Dieses »Predatory Lending« – Stiglitz prägte diesen Begriff für die amerikanische Immobilienblase[30] – geht auf die Deregulierung der internationalen und nationalen Finanzmärkte und somit ein weiteres Kernelement der neoliberalen Ordnung zurück.

Die Fremdwährungskredite

In den Ländern, die vom IWF »gerettet« werden mussten, betrug der Anteil der Fremdwährungskredite an der gesamten Kreditvergabe 50 Prozent und mehr. Finanz-, Banken- und Budgetkrisen waren ein steter Begleiter des Neoliberalismus, angefangen vom Black Monday an der Wall Street 1987 über die Asien- und Rubelkrise 1998 (von der man eigentlich hätte lernen können), die Dot-Com-Blase 2001 bis zur großen Finanz-, Budget- und Wirtschaftskrise von 2008/09. Als die Börsenkurse ins Bodenlose fielen, stellte dies die kapitalgestützten Rentensysteme infrage. Polen, Ungarn, die Slowakei und andere Staaten machten die meisten Reformen der zweiten Welle des Neoliberalismus rückgängig, auch die Flat-Tax-Systeme wurden in etlichen Ländern abgeschafft oder abgeschwächt.

Wie Stiglitz feststellt, führte die große Krise aber zu keinem klaren Bruch mit dem Neoliberalismus. Die osteuropäischen Rettungspakete (die ohnehin überwiegend der Rettung der internationalen Banken dienten, die zu viel Geld verborgt hatten) ermöglichten die Vergabe neuer Kredite, die Foreign Direct Investments sprangen nach einer kleinen Verschnaufpause wieder an. Insofern ist auch das Modell der exogenen, d.h. überwiegend auf externen Ressourcen beruhenden Modernisierung Osteuropas weiterhin intakt (die kommunistische Modernisierung beruhte dagegen primär auf internen Ressourcen). Die Fortsetzung der neoliberalen Politik in den »geretteten« Ländern hatte aber einen hohen Preis. Auch wenn die Wirtschaft in Lettland, Litauen und Rumänien bald wieder zu wachsen begann, verloren diese Länder innerhalb von wenigen Jahren fast zehn Prozent ihrer Bevölkerung – überwiegend durch Arbeitsmigration (auch Irland, der parallele westeuropäische Fall, ist davon stark betroffen). Ob sich dieser Substanzverlust auffangen und kompensieren lässt, ist noch ungewiss. Polen und die Slowakei, die ähnlich wie Deutschland und Österreich mit keynesianischen Maßnahmen auf die Krise reagierten, kamen insgesamt weit besser durch die Krise als die Länder, die weiterhin einen strikt neoliberalen Kurs verfolgten.

Immerhin fanden die Kritiker des Neoliberalismus nun mehr Gehör als zuvor. Stiglitz hat vor allem den »Marktfundamentalismus« (den Glauben an sich selbst regulierende und ins Gleichgewicht bringende Märkte), das Vertrauen in die Rationalität der Marktteilnehmer und die Überhöhung des Privateigentums angegriffen.[31] Paul Krugman hat bereits in früheren Aufsätzen betont, dass eine ausgeglichene regionale Entwicklung und ein breiter Mittelstand Voraussetzung für ein dauerhaftes Wachstum sind.[32]

Sogar der Erfinder der Schocktherapie, Jeffrey Sachs, ist altersmilde geworden und hat jüngst ein Ende der Austeritätspolitik in Südeuropa gefordert. Das bestätigt indirekt die Politik der EU, die seit der Erweiterung von 2004/07 dreistellige Milliardensummen in die neuen Mitgliedsstaaten überwiesen hat. Allein Polen erhielt von 2007 bis 2013 40 Milliarden Euro Transfermittel, diese Summen stellen inzwischen den Umfang des legendären Marshall-Plans in den Schatten.

Im Süden Europas verfolgt die EU bekanntlich eine andere Politik. Dort war die Ausgangslage 2009 insofern anders, als die Krise die Finanzierung der defizitären Staatsbudgets unterbrach und in die Euro-Krise einmündete. Entsprechend der Logik der neoliberalen Ordnung und aus akutem Handlungszwang reagierten die südlichen EU-Staaten mit einer strikten Austeritätspolitik, dem ersten Baustein des Washington Consensus. Technokratische Regierungen versuchten 2010/11 in Italien und Griechenland auch eine Liberalisierung der Arbeitsmärkte (die externe Liberalisierung ist durch die EU bereits gegeben) und eine Reform der Sozialsysteme durchzusetzen. Doch die Sparpolitik, deren Effekte in den ersten zwei Jahren der Euro-Krise durch die stark steigenden Zinsen für Staatsanleihen zunichtegemacht wurden, erzeugte eine wirtschaftliche Abwärtsspirale. Dies ließ den Widerstand gegen die Reformen wachsen, obwohl die am meisten betroffene Gruppe, die jungen Menschen, wahrscheinlich von einer Öffnung der Arbeitsmärkte und geringeren Pensionsausgaben profitieren würden.

Polemiken gegen den Neoliberalismus

Die Ablehnung der Sparpolitik – häufig gekleidet in Polemiken gegen den Neoliberalismus – blockierte tatsächliche Reformen und war zugleich ein Nährboden für den Populismus. Doch der Widerstand lag auch an der Einfallslosigkeit der internationalen Geldgeber, der Führungsspitze der EU in Brüssel und der Bundesregierung als treibender Kraft der Sparpolitik. Angela Merkel entwickelte keine Visionen, wie man die Krise aktiv, durch kluge Investitionen lindern kann, und sei es nur durch die Installation von solarbetriebenen Warmwasserspeichern, die in Israel auf jedem Haus stehen, um die Abhängigkeit von Ölimporten zu verringern (angesichts der russischen Aggression gegen die Ukraine und die EU wäre das geradezu ein Imperativ).

Krisen und wirtschaftliche Rezessionen hängen stets auch mit psychologischen Momenten und schlechten Zukunftserwartungen zusammen. Mehr als sieben Jahre nach dem Ausbruch der großen Krise kann man schlussfolgern, dass der südeuropäische Weg mit einem Schwerpunkt auf Austerität ohne tiefere Reformen und Investitionen die schlechteste Variante war. Sowohl die Staaten, die sich – meist ohne das offen zu sagen – dem Keynesianismus zuwandten, als auch jene Länder, die den neoliberalen Kurs fortsetzten und zuspitzten, haben die Krise besser bewältigt als Italien oder Griechenland. Dort dauert die Rezession bereits länger und ist tiefer als in der Tschechoslowakei oder Polen nach 1989.

Das Resultat der Technokratie und des gebetsmühlenartig eingesetzten Begriffs »alternativlos« sind die Wahlsiege von Populisten. Dieses Muster ist auch aus Ostmitteleuropa bekannt. Als in Polen von 1998 bis 2002 eine zweite Sequenz an Reformen durchgesetzt wurde, stimmten mehr als 30 Prozent der Wähler für rechts- und linkspopulistische Parteien. Die italienische Partei Cinque Stelle war bei den Wahlen von 2013 nicht weit von diesem Resultat entfernt. Die Populisten versprechen unabhängig von ihrer Couleur ähnliche Dinge: Schutz vor internationaler Konkurrenz, Schutz des heimischen Arbeitsmarkts, speziell vor Arbeitsmigranten und Asylbewerbern (Xenophobie ist jedoch eher ein Markenzeichen der Rechtspopulisten), Schutz vor Kriminalität und Schutz nationaler Werte. Besonders gefährlich ist die Frontstellung gegen Brüssel, die aber unvermeidbar ist, solange die EU – anders als im östlichen Europa nach 2004 – ein Symbol und Vertreter der Sparpolitik ist.

Einer der großen Unterschiede der Transformation nach 1989 und der Zeit nach 2008/09 liegt darin, dass heute junge Menschen derart benachteiligt sind. Dagegen litten in den neunziger Jahren vor allem die über 40-Jährigen unter den Systemveränderungen. Das Problem ist nicht auf die hohe Jugendarbeitslosigkeit beschränkt. Italiener unter 35 Jahren erzielten im Jahr 2013 ein durchschnittliches steuerpflichtiges Einkommen in Höhe von 540 Euro im Monat, eine Summe unter dem Hartz-IV-Satz inklusive Wohnungszulage oder der österreichischen Mindestsicherung.[33]

Die Misere der jungen Generation lässt sich aber nicht allein dem Neoliberalismus oder der Sparpolitik anlasten. Die (Re-) Patriarchalisierung der südeuropäischen Gesellschaften ist schon seit Längerem in Gang gekommen. Teils liegt das am Arbeitsmarkt, zu dem man häufig über Familienbeziehungen Zugang findet, teils an den steigenden Immobilienpreisen und Mieten, der viele junge Leute dazu zwingt, bei den Eltern wohnen zu bleiben.[34] Allerdings schützen die engen Familienbande vor den Auswirkungen der Krise. Durch immer weitere Einschnitte in die Sozialsysteme haben sich diese Entwicklungen verstärkt. Das verweist zugleich auf ein selbstzerstörerisches Element des Neoliberalismus, der sich der Grundlagen seiner eigenen Entwicklung beraubt.

Doch das gilt in mancher Hinsicht auch für die mitteleuropäischen Sozialstaaten. Als die österreichische Regierung in den vergangenen Jahren wegen der nach 2009 stark gestiegenen Staatsschulden zu sparen begann, wurden die Folgen ebenfalls einseitig auf die junge Generation abgewälzt. Der Einstellungsstop in zahlreichen Bereichen des öffentlichen Dienstes bedeutet, dass junge Menschen derzeit deutlich schlechtere Chancen auf ein berufliches Fortkommen haben als die Generation vor ihnen.

Österreichs Steuerreform

Auch in der Privatwirtschaft werden bei betrieblichen Sparmaßnahmen und Einstellungsstopps meist jene geschützt, die über einen festen Posten verfügen. Die 2015 verabschiedete Steuerreform enthielt keinen Solidarbeitrag der Staatsdiener, dagegen wurde ausgerechnet bei den Lehrern bzw. den Schulen gespart (durch eine Verlängerung der Unterrichtszeit). Die sozialstaatlichen Maßnahmen der 2013 in Deutschland gebildeten Großen Koalition sind ähnlich einseitig. Die sogenannte »Mütterrente« bedient nur Mütter, die ihre Kinder vor 1992 geboren haben, also überwiegend über Vierzigjährige. Die ebenfalls von der SPD durchgesetzte teilweise Rücknahme der Rentenreform begünstigt eine nochmals ältere Generation. Dagegen bewilligte die Regierung zunächst keine Steigerung der Ausbildungsförderung für Studenten und Schüler (erst ein Jahr später wurde das korrigiert). Das grundsätzliche Problem, dass immer jene geschützt werden, die bereits im System sind, zieht sich bis auf die kommunale Ebene.

Ein Beispiel hierfür ist der Wiener Gemeindebau, wo gut verdienende Altmieter keinerlei zusätzliche Abgaben leisten müssen, während das Geld für genügend Neubauten fehlt. Die junge Generation ist daher meist auf den freien Wohnungsmarkt angewiesen, auf dem die Mieten ein Vielfaches betragen. Solange diese Gerechtigkeitslücken und die im Süden Europas besonders skandalöse Benachteiligung der jungen Generation existieren, wird die wichtigste Alternative zum Neoliberalismus – das europäische Sozialstaatsmodell – weiter an Legitimität verlieren.

Die Versuche der SPD und der SPÖ, den Sozialstaat wieder etwas auszubauen, zeigen zugleich den Horizont dieser Politik auf. Die Maßnahmen zielten jeweils nur auf bestimmte Gruppen innerhalb der jeweiligen Nationalgesellschaften. Die Wirkmächtigkeit des Neoliberalismus beruht dagegen nicht zuletzt auf seiner Internationalität. Die lange Liste der hier dargestellten Reformen wurden stets mit Verweis auf externe Vorbilder begründet und durch internationale Experten und Organisationen getragen. Der Neoliberalismus ist daher auch als kommunikatives Phänomen zu verstehen, als Begleiterscheinung und Antriebskraft der Globalisierung. Diese Mechanismen muss man verstehen, sonst bleibt die Kritik am Neoliberalismus wohlfeil und auf halbem Wege stecken.

Anmerkungen

[1] Vgl. zur frühen Geschichte des Neoliberalismus Mirowski, Philip/Dieter Plehwe (Hg.): *The Road from Mont Pèlerin: The Making of the Neoliberal Thought Collective*, Cambridge: Harvard University Press, 2009. Der hier vorgelegte Beitrag beruht inhaltlich weitgehend auf dem Buch des Autors Ther, Philipp: *Die neue Ordnung auf dem alten Kontinent. Eine Geschichte des neoliberalen Europa*, Berlin: Suhrkamp, 2014.

[2] Hier können außerdem aus Platzgründen nur einzelne Werke der genannten Autoren angeführt werden. Vgl. Orenstein, Mitchell: *Privatizing Pensions. The Transnational Campaign for Social Security Reform*, Princeton: Princeton University Press, 2009; Bohle, Dorothee/Greskovits, Béla: *Capitalist Diversity on Europe's Periphery*, Ithaca: Cornell University Press, 2012; Stiglitz, Joseph: *Freefall. America, Free Markets, and the Sinking of the World Economy*, New York: Penguin, 2010[2]; Krugman, Paul: *The Return of Depression Economics and the Crisis of 2008*, New York: Norton, 2009; Mirowski/Plehwe (op. cit.); Dunn, Elizabeth C.: *Privatizing Poland. Baby Food, Big Business, and the Remaking of Labor*, Ithaca: Cornell University Press, 2004.

[3] Vgl. dazu u.a. den Hall, Peter A./Soskice, David (Hg.): *Varieties of Capitalism: The Institutional Foundation of Comparative Advantage*, Oxford: Oxford University Press, 2001; King, Lawrence: »Postcommunist divergence: A comparative analysis of the transition to capitalism in Poland and Russia«, in: *Studies in Comparative International Development* 37/3 (2002), S. 3–34. In deutscher Sprache ist zuletzt erschienen Kocka, Jürgen: *Geschichte des Kapitalismus*, München: Beck, 2013.

[4] Mirowski/Plehwe, *The Road*, S. 14. Anfangs war bei den vier zentralen Forderungen der Gesellschaft sogar von einem »starken Staat« die Rede, doch ab den 1970er-Jahren geriet dieser Punkt in den Hintergrund und diente später sogar zur Abgrenzung. Die Einführung von Mirowski und Plehwe ist – ohne dies eigens zu betonen – zugleich ein überzeugendes Beispiel einer historischen Netzwerkanalyse.

[5] Vgl. zur Geschichte des ökonomischen Denkens und der diversen Schulbildungen Warren, Samuels/Biddle, Jeff/Davis, John: *A Companion to the History of Economic Thought*, Oxford: Oxford University Press, 2003.

[6] Vgl. zum wirtschaftlichen und kulturellen Umschwung in den 1970er-Jahren u.a. Jarausch, Konrad H. (Hg.): *Das Ende der Zuversicht? Die siebziger Jahre als Geschichte*, Göttingen: Vandenhoeck & Ruprecht, 2008, S. 330–352.

[7] Vgl. Brandes, Sören: »Free to Choose Friedman. Die Popularisierung neoliberalen Wissens in Milton Friedmans Fernsehserie *Free to Choose*«, in: Zeithistorische Forschungen, i.E.

[8] Die Serie ist abspielbar auf: http://www.youtube.com/ watch?v=f1Fj5tzuYBE (Stand Juni 2015).

[9] Zitiert aus der ersten Regierungserklärung Kohls nach Jarausch, Konrad H.: »zwischen »Reformstau« und »Sozialabbau«. Anmerkungen zur Globalisierungsdebatte in Deutschland 1973–2003«, in: Idem. (Hg.): *Das Ende der Zuversicht?*, S. 330–352, hier S. 335.

[10] Einer der ersten Ökonomen, die dies erkannten, war der Schwede Anders Åslund, der später etliche Jahre als – neoliberaler – Berater der Russländischen Föderation diente. Vgl. Åslund, Anders: *Gorbachev's Struggle for Economic Reform: The Soviet Reform Process, 1985–1988*, Ithaca: Cornell University Press, 1989.

[11] Vgl. Borkowski, Marek: »Sprzedać, oddać, wydzierżawić«, in: *Polityka* 32/49 (3. Dezember 1988), S. 1 und 4. Vgl. zu den Anhängern radikaler Reformen auch Borodziej, Włodzimierz: *Geschichte Polens im 20. Jahrhundert*, München: Beck, S. 376–380.

[12] Heilbroner, Robert: »The triumph of capitalism«, in: *The New Yorker* (Januar 1989), S. 98.

[13] Der eigentliche Autor des Konsenspapiers war der Ökonom John Williamson, ihn hatten die beteiligten Institutionen als Experten hinzugezogen. Vgl. den Originaltext in Williamson, John (Hg.): *Latin American Readjustment: How Much has Happened*, Washington: Institute for International Economics, 1990; vgl. zur Adaption für das postkommunistische Europa Aligica, Paul Dragos/Evans, Anthony John: *The Neoliberal Revolution in Eastern Europe. Economic Ideas in the Transition from Communism*, Cheltenham: Elgar, 2009.

[14] Vgl. zur Definition des Neoliberalismus auch Harvey, David: *A Brief History of Neoliberalism*, Oxford: Oxford University Press, 2005, S. 2.

[15] Vgl. dazu Engel, Ulf/Frank Hadler/Matthias Middell: 1989 in a Global Perspective: Leipzig: Universitätsverlag, 2015. Eigenartigerweise werden der Washington Consensus und all seine Anwendungen und Folgen in diesem Band kaum erwähnt.

[16] Vgl. dazu auch Bockman, Johanna: *Markets in the Name of Socialism. The Left-Wing Origins of Neoliberalism*, Stanford: Stanford UP, 2011.

[17] Vgl. zu den Reallöhnen *WIIW-Mitgliederinformation* 1990/8, S. 28 (die älteren Berichte des Wiener Instituts für Internationale Wirtschaftsvergleiche über die (post-)kommunistischen Länder sind im Archiv des

WIIW zugänglich). Vgl. zum Durchschnittseinkommen Ther, *Die neue Ordnung*, S. 210.

[18] Vgl. die Zahlen in *WIIW Handbook 2012*, Countries by indicator, Table II/1.7.

[19] Vgl. Michnik, Adam: »Ten straszny Balcerowicz«, in: *Gazeta Wyborcza* (28. November 1992), S. 10. Dort heißt es u. a.: »Man kann sich fragen, ob in der momentanen Situation eine Möglichkeit für eine breite Zustimmung überhaupt besteht – man kann jedoch nicht ohne Weiteres annehmen, dass die Mehrheit der Gesellschaft den Sinn und die Konsequenzen der Politik von Balcerowicz von vornherein hätte begreifen können.« (Übersetzung des Autors). So argumentierte auch Balcerowicz selbst, vgl. Balcerowicz, Leszek: *Socialism, Capitalism, Transformation*, Budapest: CEU Press, 1995, S. 307.

[20] Vgl. zur Treuhand Böick, Marcus: *Die Treuhandanstalt 1990–1994*: Erfurt, Landeszentrale für Politische Bildung Thüringen, 2015 (ein umfassenderes Buch des Autors wird noch folgen).

[21] Vgl. Norkus, Zenonus: *On Baltic Slovenia and Adriatic Lithuania. A Qualitative Comparative Analysis of Patterns in Post-Communist Transformation*, Budapest: CEU Press, 2012, S. 80.

[22] Vgl. Sinn, Gerlinde/Sinn, Hans-Werner: *Kaltstart. Volkswirtschaftliche Aspekte der deutschen Vereinigung*, 2. Auflage, Tübingen: Mohr, 1992, S. VII.

[23] Vgl. Shleifer, Andrei/ Treisman, Daniel: »Normal Countries. The East 25 Years After Communism«, in: *Foreign Affairs* 93 (2014) 6, online verfügbar unter {http://www.foreignaffairs.com/articles/142200/andrei-shleifer-and-daniel-treisman/normal-countries} (Stand März 2015).

[24] Vgl. Åslund, Anders: *Building Capitalism. The Transformation of the Former Soviet Bloc*, Cambridge: Cambridge University Press, 2002, S. 118.

[25] Vgl. zu Russland Robinson, Neill: »The context of Russia's political economy«, in: ders. (Hg.): *The Political Economy of Russia*, Lanham: Rowman & Littlefield, 2013, S. 15–50, hier 34.

[26] Vgl. N. N. »The sick man of the euro«, in: *Economist* (3. Juni 1999), online verfügbar unter: {http://www.economist.com/node/209559} (Stand Mai 2014).

[27] Orenstein, Mitchell: *Privatizing Pensions. The Transnational Campaign for Social Security Reform*, Princeton: Princeton University Press, 2009.

[28] Vgl. zum Anteil der Sozialausgaben am BIP Segert, Dieter: *Transformationen in Osteuropa im 20. Jahrhundert*, Wien: Facultas, 2013, S. 233. Es gibt allerdings einige Unterschiede im östlichen Europa. Die Baltischen Staaten, Rumänien und Bulgarien geben deutlich weniger für Sozialleistungen aus als Ungarn und Slowenien.

29 Vgl. Bohle /Greskovits, *Capitalist Diversity*, S. 225.
30 Vgl. Stiglitz, *Freefall*, S. 175–176,
31 Vgl. Stiglitz, *Freefall*, S. 12–15 und 248–253.
32 Vgl. Krugman, Paul: »*Increasing returns and economic geography*«, in: *The Journal of Political Economy* 99, 3/1991, S. 483–499.
33 Vgl. dazu die Berechnungen der speziell mit jungen Menschen befassten Agentur Datagiovani: »Sempre meno giovani contribuenti in Italia«, online verfügbar unter: {http://www.datagiovani.it/newsite/wp-content/uploads/2012/05/Comunicato-Dichiarazioni-dei-redditi-2011-dei-giovani.pdf} (Stand Mai 2014).
34 Vgl. zu diesen Problemen Ginsborg, Paul: *Storia d'Italia 1943–1996. Famiglia, società, Stato*, Torino, Einaudi, 1998.

Die Wende in der US-Politik

Hohe Inflation, hohe Arbeitslosigkeit, hoher Benzinpreis: 1978 brach in den USA die »middle-class-democracy« auf der Basis eines ungeschriebenen Sozialkontrakts zusammen. Es war die Geburtsstunde des politischen Neoliberalismus.

von GEORGE PACKER*

Oberflächlich hat sich in den USA das Leben der obersten 20 Prozent in den letzten Jahrzehnten stark verbessert. Aber die tieferen Strukturen, die Institutionen, die eine gesunde demokratische Gesellschaft unterstreichen, sind in einen Zustand der Dekadenz verfallen.

2011 hat ein Wall-Street-Unternehmen, von dem bisher nur wenige Menschen gehört haben, Glasfiber-Kabel über 800 Meilen unter Bergen und Flüssen hindurch von Chicago nach New York verlegt, um die Börsen dieser beiden Großstädte miteinander zu verbinden. Die Investition kostete 300 Millionen Dollar und automatisiert den Handel mit bisher ungeahnter Beschleunigung. Andererseits brauchen die Schnellzüge zwischen Chicago und New York heute genauso lange wie im Jahre 1950. Auf absehbare Zeit wird es keine schnelleren Züge geben. Die Gouverneure von Ohio und Wisconsin haben erst kürzlich Subventionsangebote der Regierung in Washington abgelehnt.

Wir können heutzutage unsere iPhones aufrüsten, aber wir können unsere Straßen

Foto: Larry D. Moore

*GEORGE PACKER, Mitglied der Redaktion des *New Yorker*. Dieser Text basiert auf einer Rede in der New York Library 2011. Abdruck mit freundlicher Genehmigung von *Foreign Affairs*.

und Brücken nicht auf dem neuesten Stand halten. Wir haben Breitband erfunden, aber es gelingt nicht, es 35 Prozent der Öffentlichkeit zugänglich zu machen. In die iPads fließen 300 Fernsehprogramme, aber im letzten Jahrzehnt haben zwanzig US-Zeitungen ihre Büros im Ausland geschlossen. Wir verfügen über Wahlmaschinen mit Touch-Screens, aber wir schaffen es nicht, mehr als 40 Prozent der Wählerschaft dazu zu bringen, sich registrieren zu lassen. Trotz der technischen Fortschritte ist unser politisches System stärker polarisiert als jemals seit dem Bürgerkrieg. Es gibt zwar nicht mehr die Selbstzerstörung der McCarthy-Ära oder die Straßenkämpfe der 60er-Jahre, aber jenes Establishment, das die politische Mitte zusammenhält, hat aufgehört zu existieren.

Warum konnte es geschehen, dass die Fähigkeit verloren ging, fundamentale Probleme der Gesellschaft zu lösen? Für mich war das Jahr 1978 jenes Datum, da sich die Dinge fundamental und dramatisch zu ändern begannen. Es war eine Zeit hoher Inflation, hoher Arbeitslosigkeit, hoher Benzinpreise. Das Land reagierte auf das Gefühl des Abstiegs mit einer Absetzbewegung von den sozialen Arrangements, die seit den 30er- und 40er-Jahren bestanden.

Worin bestand dieses Arrangement? Es wird manchmal »the mixed economy« genannt, die Bezeichnung, die ich bevorzuge, ist »middle-class democracy«[1]. Dies war ein ungeschriebener, Sozialkontrakt zwischen »Labor« (Gewerkschaften, Anm. d. Übers.), Wirtschaft und Regierung – man könnte auch sagen: zwischen den Eliten und den Massen. Der Kontrakt garantierte, dass die Vorteile des Aufschwungs nach dem Zweiten Weltkrieg breit verteilt wurden – mit viel breiter gefächerter Prosperität als jemals in der Geschichte der Menschheit. Mit der Konsequenz, dass in den 70er-Jahren Spitzenmanager 40-mal mehr verdienten als die am schlechtesten bezahlten Arbeiter. Heute lautet das Verhältnis 400:1.

Arbeitsrecht und Regierungspolitik hielten eine Macht-
balance zwischen Arbeitern und Unternehmern, die in eine
Spirale immer höherer Löhne und mehr wirtschaftlichem
Anreiz mündete. Die Regulierungsbehörden waren stark
genug, jene Blasen zu verhindern, die es seitdem alle fünf
Jahre gibt. Zwischen der Great Depression und den Reagan-
Jahren gab es nicht eine einzige das ganze System erfassende
Finanzkrise, weshalb auch jede Rezession viel milder ausfiel
als heute. Demgemäß war das Bankgeschäft eine solide Sache
– und gleichzeitig langweilig.

Als Ergebnis des breit gestreuten Wohlstands erreichte
auch die politische Partizipation ein all-time-high in den
Nachkriegsjahren – mit Ausnahme der Schwarzen im amerikanischen Südgürtel, denen teils heute noch der Zutritt zu
den Wahlurnen verweigert wird.

Zur gleichen Zeit sahen sich die Eliten des Landes als
Wächter der amerikanischen Institutionen und Interessen.
Sie waren zwar genauso käuflich, metricious oder gierig wie
ihre heutigen Entsprechungen. Aber sie stiegen auf in einer
politischen Kultur, die diese Verführungen (traits) nicht glo-
rifizierte. Organisationen wie das Council on Foreign Rela-
tions, das Comittee for Economic Development oder die
Ford Foundation[2] agierten nicht als Interessenvertreter der
Reichen, sondern empfanden sich als über den Konflikten
stehend.

Wirtschaftsführer, die seinerzeit Roosevelts New Deal
genauso vehement bekämpften wie momentan die Amerikanische Handelskammer Obamas Medicare, haben in
den 60er-Jahren Lyndon Johnsons Great Society in einzelnen Punkten unterstützt. Jene »National Commission on
Technology, Automation and Economic Progress«, die zwei
Gewerkschaftsführer, zwei Unternehmer, Whitney Young
vom Civil Rights Movement und den Soziologen Daniel Bell
umfasste, kam 1966 mit zwei zentralen Empfehlungen an die

Öffentlichkeit: Einem garantierten Jahresgehalt[3] und einem massiven Job-Trainingsprogramm. Natürlich barg der Konsens der Nachkriegsjahre eine Menge Ungerechtigkeiten. Wenn man schwarz war oder eine Frau, blieb wenig Raum. Aber die Dinge, die diesem Konsens passierten, kamen von anderswo. Zuerst aus den Entwicklungen der 60er-Jahre. Oberflächlich ist die Geschichte bekannt: Die Rebellion der Jugend, Kulturkriege und – damit im Zusammenhang – ein massiver Wandel der amerikanischen Sitten. Die 60er-Jahre brachten keine Realisierung propagierter politischer Utopien. Es war mehr: die Befreiung der individuellen Person. Und damit eine Stärkung der middle-class democracy. In den drei Jahrzehnten zwischen 1933 und 1966 entstanden elf Staatsagenturen zum Schutz von Konsumenten, Arbeitern und Investoren. Zwischen 1970 und 1975 waren es noch mehr. Zwölf Agenturen zusätzlich – zum Schutz der Umwelt, der Sicherheit in der Arbeitswelt, der Gesundheitsverwaltung usf. Der Watergate-Präsident Richard Nixon war ein rechtsstehender Liberaler, heute aber würde er links von den eher moderaten Republikanern stehen.

Die zweite Welle gegen diesen Konsens entstand aus der Verlangsamung der ökonomischen Zuwächse in den 70er-Jahren. Unter anderem durch den Ölschock. Die Wirtschaftsführer glaubten, der Kapitalismus würde attackiert. Sie organisierten sich in »lobbying groups« und gründeten Think-tanks, die fortan zu mächtigen Playern in der amerikanischen Politik heranwuchsen. Ein Beispiel ist die Heritage Foundation als Rivalin der Brookings Foundation. Das persönliche Interesse und dessen Durchsetzung wurde zum zentralen Anliegen, der neokonservative Schriftsteller Irving Kristol[4] wurde zum einflussreichsten Propagandisten dieser Ideologie. Und was das Lobbying betrifft: 1971 gab es erst 145 Firmen, die sich in Washington von Lobbyisten vertreten ließen. 1982 waren es bereits 2445.

An die Stelle der »alten« Politik trat aber nicht die in den 60er-Jahren erwünschte egalitäre Politik. Stattdessen verloren die Parteien ihren Zusammenhalt, die grass-roots-Bewegungen kamen auf, neue Interessengruppen, direct mails der Lobbyisten – im Endeffekt trat eine Atomisierung der Wählerschaft als TV-Zuseherschaft ein. Fortan mussten Kandidaten, um die TV-Spots zu finanzieren, die Hälfte ihrer Zeit fürs Geldauftreiben verwenden. Das heißt auch, dass die sogenannte Demokratisierung und der Rückzug der Eliten nicht notwendig zu einer Stärkung der einfachen Leute führte.

Im Jahr 1978 kulminierten alle diese Tendenzen. Im Weißen Haus saß ein Demokrat, dessen Partei auch die beiden Häuser des Kongresses kontrollierte. Trotzdem erlitten drei Reformgesetze eine Niederlage, darunter eines für eine gesetzliche Vertretung der Konsumenten, ein anderes, das Unternehmern erschweren sollte, das Arbeitsrecht zu umgehen. Was war die Ursache? Die neue Macht des organisierten Geldes. Unternehmergruppen und Geldleute entfachten eine Lobbying-Kampagne, wie sie Washington noch nie gesehen hatte. Einige dieser Leute, darunter ein neuer Politik-Star namens Newt Gingrich, zogen kurz darauf bei den Mid-term-Elections in Senat und Repräsentantenhaus ein. Zwei Jahre später kam Ronald Reagan mit einem Erdrutsch-Sieg an die Macht. Die politischen Stukturen hatten sich vollkommen verändert. Die Reagan-Revolution war da.

Das organisierte Geld

Die konservative Bewegung und das organisierte Geld ergriffen 1978 diese historische Chance, um einen massiven, eine ganze Generation dauernden Transfer des Reichtums hin zu den reichsten Amerikanern zu beginnen. Dieser Transfer fand in guten und in schlechten Zeiten statt, unter demokratischen und unter republikanischen Präsidenten. Zwei Beispiele: Bob Dole, republikanischer Präsidentschaftskandidat und davor Senator, sagte 1984:»Arme Leute zahlen nichts für Wahlkampagnen.« Charles Schumer, demokratischer Senator von New York, verhinderte 2007, ein Jahr vor Ausbruch der Finanzkrise, dass Hedge Fund Manager per Gesetz eine Einkommenssteuer von 15 Prozent (erheblich weniger als ihre Sekretärinnen) zahlen sollten …

Diese Ungleichheit ist jene Krankheit, die eigentlich allem zugrunde liegt. Wie geruchloses Gas durchdringt das jede Ecke der Vereinigten Staaten und schwächt die Demokratie des Landes. Jahrelang wurde das vonseiten bestimmter Politiker geleugnet. Aber die Tatsachen sprachen für sich. Zwischen 1979 und 2006 stieg das Einkommen der Mittelklasse-Amerikaner (um Steuern bereinigt) um 21 Prozent. Die Ein-Prozent-Spitzenverdiener jedoch erlebten eine Steigerung um 256 Prozent.

Es gibt Argumente, diese Ungleichheit habe viel mit tieferen Veränderungen zu tun: Globaler Wettbewerb, billige Produktion in China, technologischer Wandel. Tatsächlich spielen diese Faktoren eine Rolle, entscheidend aber sind sie nicht. In Europa, wo es diese Einflüsse genauso gibt, ist die Schere der Ungleichheit bei Weitem nicht so aufgegangen. In vielen Büchern wurde mitterweile ein luftdichter Befund präsentiert: In den letzten dreißig Jahren hat jede US-Regierung die Reichen favorisiert. Und die Ursache des Problems sind unsere Führer und unsere Institutionen.

Eine noch grundsätzlichere Rolle als die Politik spielt die langfristige Transformation des Verhaltens und der Moral der amerikanischen Eliten. Es geht um Normen wie Verantwortung und Selbstbeschränkung. Sie sind reduziert, wenn nicht überhaupt verschwunden. Je mehr Reichtum sich in einigen wenigen Händen vereint, desto mehr Einfluss und Wohlwollen eignen sich sich die gut vernetzten Reichen an. Auf diese Weise gelingt es ihnen und ihren politischen Verbündeten,

Beschränkungen leichter loszuwerden. Sie häufen Reichtum so lange an, bis man Ursache und Wirkung nicht mehr unterscheiden kann. Nichts scheint diesen Vorgang zu verlangsamen – weder Kriege, noch Technologien, noch eine Rezession und schon gar keine historische Wahl.

Diese Ungleichheit produziert eine Wirtschaft, welche die Reichen mit so viel Geld ausstattet, dass sie auf Spekulationen setzen können. Und sie hinterlässt einen Mittelstand ohne ausreichende Mittel, um jene Dinge kaufen zu können, die dieser glaubt zu verdienen. In der Folge wird Geld geliehen, es werden Schulden gemacht – eine der Ursachen für die Finanzkrise.

Ungleichheit zwingt die Gesellschaft in ein neues Klassensystem und hält viele in den Bedingungen ihrer Geburt gefangen. Ungleichheit macht es auch schwerer, sich das Leben anderer vorzustellen – einer der Gründe, warum das Schicksal von 14 Millionen mehr oder weniger Arbeitsloser so wenig Eindruck auf die Politik- und Medienzentren Amerikas macht. Ungleichheit belohnt Demagogen und diskreditiert Reformer. Ungleichheit untergräbt die Demokratie.

(Übersetzt und gekürzt von Gerfried Sperl)

Anmerkungen

[1] Middle-Class-Democracy bezeichnet im Grunde, was wir »soziale Marktwirtschaft« nennen, weil sie – basierend auf dem historischen Kompromiss zwischen Sozialdemokratie und Christdemokratie – bis etwa 2000 auch in Österreich die Grundlage der demokratischen Strukturen war.

[2] Die Ford Foundation war auch das Vorbild für viele europäische Institutionen dieser Art, die politisches Denken, kulturelle Innovationen und wissenschaftliche Projekte fördern. Beispiele: Volkswagen Stiftung, Bosch Stiftung, Bertelsmann Stiftung.

[3] Grundeinkommen und Mindesteinkommen sind Vorschläge, die ab den 70er-Jahren in den USA als »sozialistisch« bekämpft wurden – ähnlich wie derzeit das Gesundheitssystem von Barack Obama.

[4] Irving Kristol war verheiratet mit Gertrude Himmelfarb, einer prominenten Soziologin an der konservativen Chicagoer Schule. In einer Diskussion mit dem Übersetzer dieses Beitrags zeigte sie sich entsetzt über das österreichische System einer Weitergabe von Wohnungen an direkte Nachkommen. Dies sei ein »Generationenkommunismus«. Die Entgegnung, dadurch werde der Mittelstand gestärkt und politische Stabilität erzeugt, tat sie als »Gleichmacherei« ab, die den Starken den Aufstieg verwehre.

Der missverstandene Staat

Die heutige Sparideologie bremst nicht nur den Mut zum Risiko. Der »unternehmerische Staat« kann am Wagnis nichts mehr verdienen.

von MARIANA MAZZUCATO*

Um Wachstum durch Innovationen zu fördern, muss man nicht nur erkennen, wie wichtig das Innovationsökosystem ist, sondern auch, was jeder einzelne Akteur in das System einbringt. Die Vorstellung, der öffentliche Sektor könne bestenfalls Anreize für Innovationen des privaten Sektors setzen (durch Subventionen, Steuererleichterungen, Abgaben auf Kohlendioxidemissionen, durch technische Standards und so weiter), geht an der Realität vorbei, vor allem, aber nicht nur, angesichts der gegenwärtigen Krise. Entscheidende unternehmerische Initiativen kamen in den letzten 20 Jahren vom Staat und nicht vom privaten Sektor. Dass dies so oft übersehen wurde, hat dazu beigetragen, dass sich die Partnerschaften zwischen der öffentlichen Hand und den Privatunternehmen eher parasitär als symbiotisch gestalten. Außerdem wurde viel Geld für unwirksame Anreize (einschließlich ineffizienter Steuererleichterungen) verschwendet, das man sinnvoller hätte ausgeben können.

Um die zentrale Rolle des Staates als Risikoträger im modernen Kapitalismus zu verstehen, ist es wichtig, den »kollektiven« Charakter von Innovationen anzuerkennen. Unterschiedliche

Foto: Own work, AlexTaffetani

*MARIANA MAZZUCATO, italo-amerikanische Wissenschaftlerin, die sich an der Tufts University ausbilden ließ. Im Jahr 2000 kehrte sie nach Europa zurück und lehrt gegenwärtig an der University of Sussex. Der Text ist das Schlusskapitel ihres Buchs *Das Kapital des Staates* (Kunstmann, 2014).

Firmentypen (große und kleine), unterschiedliche Finanzierungsarten und politische Strategien, Institutionen und Behörden interagieren manchmal in unvorhersehbarer Weise – aber wir können die Interaktion so gestalten, dass sie uns den erwünschten Zielen näher bringt. Die heutige Sparideologie verhindere antizyklische Investitionen. Und damit Risiko, das sich bezahlt machen kann. Die Autorin verlangt vom »unternehmerischen Staat« mehr Wagnis und Mut.

Das Internet ist durch seine soziale, anonyme und artifizielle Natur das ideale Milieu für Gerüchte und »graue Propaganda«, also für Botschaften, deren Urheber nicht zu ermitteln sind. Bereits 2004 wurde dieses Potenzial genutzt. Eine Gruppe mit dem Namen »Swift Boat Veterans for Truth«, von der erst später bekannt wurde, dass sie von einem konservativen Think Tank finanziert worden war, kratzte mit einer Webseite und E-Mail-Kampagne erfolgreich am Status von John Kerry als Kriegsheld. Und über Kerrys Ehefrau Teresa Heinz Kerry, die Witwe des Erben des Ketchup-Imperiums, wurde verbreitet, sie plane Fabriken ins Ausland zu verlagern – obwohl sie gar keine Verbindung zu dem Unternehmen hat. Die Webseite der Firma wurde dennoch monatelang von Kerry-Gegnern belagert, Unternehmenssprecher gaben mehrere Presseerklärungen zum Thema ab – es erwies sich dennoch als unmöglich, die Gerüchte zu stoppen. Die Literatur über Innovationssysteme ist hier besonders relevant; die Pionierarbeiten haben Freeman (1995), Lundvall (1992) und Nelson (1993) geschrieben.

Je mehr wir uns in Richtung offener Innovationssysteme bewegen, wo die Schwellen zwischen öffentlicher und privater Kooperation niedrig sind, desto wichtiger sind solche horizontalen Systeme. Seit Jahren wissen wir, dass Innovationen nicht nur ein Ergebnis von Investitionen in Forschung und Entwicklung sind, sondern dass es auf die Institutionen ankommt, zu ermöglichen, dass neues Wissen die Volkswirtschaft durchdringt. Dynamische Verbindungen zwischen Wissenschaft und Industrie sind eine Möglichkeit, Innovationen zu unterstützen, aber an vielen Beispielen (u.a. Apple oder Microsoft) lässt sich zeigen, dass die Verbindungen viel tiefer sein können und Jahrzehnte zurückreichen. Ein Innovationsprozess, in dem Staat und Unternehmen separat und isoliert agieren, ist danach schwerlich vorstellbar. Aber es genügt nicht, schicke neue Begriffe wie Innovations-Ökosystem zu prägen. Viel wichtiger ist es, zu verstehen, wie bei Innovationen die Arbeitsteilung zwischen den verschiedenen Akteuren aussieht, insbesondere, die Rolle und das Engagement jedes Akteurs in der sehr holprigen Risikolandschaft zu erfassen. Der Staat muss Risiken übernehmen, aber er sollte dem privaten Sektor nicht einfach Risiken abnehmen (oder sie reduzieren); er sollte vielmehr die Risiken tragen, die der private Sektor nicht tragen will, aber dann auch die Früchte seiner Risikobereitschaft ernten.

Das ist entscheidend, denn nur so kann der Innovationskreislauf über die Zeit aufrechterhalten werden (die Erträge aus der laufenden Runde dienen zur Finanzierung der nächsten – und zur Deckung der unvermeidlichen Verluste) und ist auch weniger vom politischen und wirtschaftlichen Auf und Ab abhängig. Die Politik sollte sich auf die Rolle konzentrieren, die der Staat innerhalb und zwischen den Sektoren und Institutionen spielt, um Dinge zu ermöglichen, die sonst nicht möglich wären – genau wie Keynes in »Das Ende des Laissez-Faire« (2011 [1926]) geschrieben hat. Damit ist nicht nur die antizyklische Funktion staatlicher Ausgaben gemeint (die sie heute wegen der Sparideologie leider immer weniger haben), sondern es muss auch jedes einzelne politische Instrument hinterfragt werden, wie zum Beispiel: Führen steuerliche Abschreibungsmöglichkeiten zu Forschung und Entwicklung, die es ohne sie nicht gegeben hätte?

Gerade weil der Staat als wirtschaftlicher Akteur etwas anderes ist als ein Privatunternehmen, lässt sich seine Rolle im Innovationsprozess nicht genau begrenzen und bestimmen. Wenn wir diesen Unterschied akzeptieren, müssen wir einen

Weg finden, den speziellen Einflussbereich des Staates zu identifizieren, und wir brauchen Indikatoren, um den Erfolg seines Handelns zu messen. Nehmen wir das Beispiel Concorde: Man könnte das staatliche Engagement in diesem Fall als Fehlschlag werten, aber man sollte über die schlichte Kosten-Nutzen-Analyse hinausgehen und das ganze Spektrum der – greifbaren und nicht greifbaren – Ausstrahlungseffekte berücksichtigen, die die Investitionen in das Concorde-Projekt hatten. Aber das hat noch niemand getan, und so bleibt es bei der Einschätzung, die staatliche Beteiligung an der Concorde sei ein großer Misserfolg gewesen.

Der Staat unterscheidet sich von anderen Akteuren natürlich nicht nur durch seine Aufgabe, sondern auch durch die Instrumente und Mittel, die ihm dafür zu Verfügung stehen. Karl Polanyi argumentiert in seiner großen Abhandlung »The Great Transformation« (1978 [1944]), der Staat schaffe – aktiv und direkt, nicht nur durch Anreize – den »kapitalistischsten« aller Märkte, den »nationalen Markt« (während lokale und internationale Märkte älter sind als der Kapitalismus). Die kapitalistische Wirtschaft wird immer dem Staat untergeordnet und seinem Wandel unterworfen sein.

Statt also dem Irrglauben anzuhängen, dass »die Märkte« schon alles optimal regeln werden, »wenn wir sie nur in Ruhe lassen«, sollten Politiker lieber lernen, wie sie ihre Instrumente und Mittel am besten einsetzen, um neue Märkte zu schaffen und zu gestalten – das heißt, Dinge möglich machen, die sonst nicht möglich wären. Und sie müssen dafür sorgen, dass wir diese Dinge auch wirklich brauchen. Es wird immer wichtiger, dass wir die richtige Art von Wirtschaftswachstum bekommen: intelligent, integrativ und nachhaltig. Natürlich dürfen wir die besondere Rolle des Staates und seine Möglichkeiten nicht romantisch verklären. Wenn der Staat russische Atomwaffen fürchtet, den Untergang von Florida im Meer oder das Ende des Öls, kann er Dinge tun, die niemand sonst tun kann – zum Beispiel Geld drucken und riskieren, es für ein so verrücktes Unterfangen wie einen Krieg zu verpulvern.

Wenn man ausschließlich auf Keynes baut, riskiert man, dass der Staat bei dem Bemühen um einen ausgeglichenen Haushalt auch die sinnlose Suche nach Geld in einem aufgelassenen Bergwerk finanziert. Wir haben die Aufforderung von Steve Jobs ernst zu nehmen, »tollkühn« zu bleiben; das sollte auch für den Staat gelten, wenn er die technologische Entwicklung voranbringt und nach Lösungen für soziale Probleme strebt. Ob der Staat im Namen der nationalen Sicherheit in das Internet investiert oder im Namen des Klimaschutzes (oder um der häufig zitierten »energetischen Unabhängigkeit« willen) in saubere Energien, er kann das im einen wie im anderen Fall in einer Größenordnung und mit Instrumenten tun, die Privatunternehmen nicht zur Verfügung stehen. Eine zentrale Hürde für private Investitionen in neue Technologien ist, dass Privatunternehmen keine Investitionen tätigen, die einen Gewinn für das »Allgemeinwohl« abwerfen (weil sie den nicht für sich abschöpfen können). Deshalb muss der Staat das tun – und sich dabei Gedanken machen, wie er solche Investitionen später in neues Wirtschaftswachstum verwandeln kann.

Apple hatte nicht deshalb Erfolg, weil das Unternehmen neue Technologien entwickelte, sondern weil es dank seiner organisatorischen Fähigkeiten in der Lage war, bereits bestehende Technologien zu integrieren und zu vermarkten. Im Vergleich dazu sind die Flexibilität des Staates und seine Fähigkeit, gezielt und mit konkreten Absichten »tollkühn« in Technologien zu investieren, wichtige Vorteile. Wer hätte je gedacht, dass eine Technologie, die entwickelt wurde, um in einem Atomkrieg die Kommunikation aufrechterhalten zu können, einmal die weltgrößte Plattform für den Austausch von Wissen, für Kommunikation und Handel werden würde? Wie viele Menschen dachten damals wohl, mit dem Internet werde ein »tollkühnes« Projekt mit Millionen Dollar an Steuergeldern unterstützt? Wir brauchen heute eine »systemische« Perspektive, die die tatsächliche Rolle der einzelnen Akteure sowie die Verbindungen zwischen ihnen in der Risikolandschaft realistisch betrachtet. Es ist zum Beispiel unrealistisch zu glauben, in den kapitalintensiven und hoch risikoreichen Bereichen der sauberen Technologien werde Wagniskapital »vorangehen«, oder es genüge ein bisschen »Anschub« von einer kleinen, strukturlosen grünen Investitionsbank. Bei der sauberen Energie kommt es nicht nur auf die Bereitschaft des Staates an, die Führung zu übernehmen, sondern auf seine Bereitschaft, neue und Übergangstechnologien nachhaltig zu unterstützen, damit die Branche »reifen« kann – das heißt, bis Kosten und Leistungsfähigkeit mit denen der bestehenden Technologien (fossile Brennstoffe) mithalten können oder besser sind. Diese Analyse hat drei wichtige Implikationen. Erstens reicht es natürlich nicht aus, über den »Unternehmerstaat« zu sprechen, man muss ihn auch errichten – und sich dabei fragen, welche konkreten Institutionen und Organisationen in der Lage sind, langfristige Wachstumsstrategien zu verfolgen und die unvermeidlichen Fehlschläge zu verkraften. Das Schlagwort »Governance« wird oft verwendet, um Marktreformen durchzusetzen; dabei sollte es eher darum gehen, wie man Sachverstand zusammenbringt und die Bereitschaft weckt, in wachstumsstarke Bereiche zu investieren. Wie jeder weiß, der einmal in der Privatwirtschaft gearbeitet hat, gibt es auch dort viele bürokratische und träge Firmen, und der öffentliche Sektor ist nicht von Natur aus weniger innovativ als der private. Aber auch im öffentlichen Sektor muss man über die organisatorische Dynamik nachdenken, wenn man Innovationen und Kreativität fördern will. Stattdessen traut man dem öffentlichen Sektor oft einfach nicht zu, aus eigenem Antrieb innovativ zu wirken. Die meisten, die sich mit strategischem Management und organisatorischem Wandel befassen, konzentrieren sich auf den privaten Sektor; der öffentliche Sektor hat in ihren Augen lediglich die Aufgabe, die »Rahmenbedingungen zu schaffen«, damit im »revolutionären« privaten Sektor

Innovationen möglich werden. Kein Wunder, dass die klügsten jungen Hochschulabsolventen glauben, es wäre viel spannender und würde viel mehr Spaß machen, bei Goldman Sachs oder Google zu arbeiten als bei einer staatlichen Investitionsbank. Der einzige Weg, die Dinge wieder zurechtzurücken, besteht darin, den Staat auf- statt abzuwerten – anders über ihn zu sprechen und andere Bilder zu gebrauchen.

Für die Krise in der Eurozone ergeben sich daraus wichtige Konsequenzen. Die Bedingungen, die den schwächsten Ländern durch den Fiskalpakt auferlegt werden, sollten den öffentlichen Sektor nicht einfach beschneiden, sondern dafür sorgen, dass es für den Staat attraktiv wird, in Schlüsselbereiche wie Bildung und Forschung und Entwicklung zu investieren. Und sie sollten dazu beitragen, den öffentlichen Sektor von innen heraus so umzugestalten, dass er dynamischer wird, strategischer agiert und mehr auf Leistung achtet. Das klingt vielleicht schwierig, aber es ist nicht schwieriger, als das Spardiktat durchzusetzen, das die sozioökonomischen Strukturen und die künftige Wettbewerbsfähigkeit der schwächeren Länder aushöhlt.

Zweitens gilt: Wenn der Staat aufgefordert wird, sich in Bereichen mit hoher Unsicherheit zu engagieren, wo Gewinne und Verluste (wie sie auch bei privatem Wagniskapital anfallen) gleichermaßen an der Tagesordnung sind, dann ist es nur recht und billig, dass er an den Gewinnen beteiligt wird. Aus seinen Investitionen in Bildung und Gesundheitsversorgung kann der Staat vernünftigerweise keine andre direkte Rendite als Steuern beziehungsweise qualifizierte, gesunde Arbeitskräfte erwarten. Anders verhält es sich bei hochriskanten Investitionen; hier sollte der Staat eine direkte Rendite bekommen, eben weil das Risiko des Scheiterns so groß ist. Erfolgreiche »Gewinner«-Investitionen sollten so viel Geld einbringen, dass Verluste gedeckt sind und weitere Investitionen in der Zukunft möglich werden – Investitionen, die heute noch gar nicht absehbar sind. Mittlerweile hat man erkannt, dass die Privatisierung von Gewinnen und Sozialisierung von Verlusten im Finanzsektor ökonomisch ineffizient und sozial ungerecht sind (Alessandri und Haldane 2009). Aber dass die gleiche Asymmetrie auch in der Realwirtschaft besteht, bei jungen Technologiefirmen ebenso wie bei reiferen Unternehmen, die für einen Turnaround Geld von außen brauchen, wird bislang noch kaum beachtet. Eine klarere Koppelung von Risiko und Gewinn wird nicht nur die Einnahmen des Staates erhöhen – wichtig in einer Zeit klammer öffentlicher Haushalte –, auch die Steuerzahler werden den Nutzen ihrer Investitionen besser erkennen und politische Entscheidungen für Investitionen, die langfristig das Wachstum fördern, unterstützen.

Drittens haben wir uns zwar auf die Rolle des Staates in der holprigen Risikolandschaft konzentriert; die hier vorgelegte Analyse hat jedoch auch Konsequenzen für die Einschätzung und den Umgang mit den anderen Akteuren des Innovations-»Ökosystems«. Das ist wichtig, weil der Beitrag des Staates oft unterschätzt wird, während man die Leistung anderer Akteure übertreibt – von kleinen und mittleren Unternehmen über Wagniskapitalgeber bis zu Aktionären.

Wenn wir erkennen, welche unterschiedlichen Aufgaben die Beteiligten in dem Ökosystem haben – unterschiedlich je nach Zeitpunkt und Position –, wird es überschätzten Akteuren, die derzeit die kollektive Vorstellungswelt beherrschen, schwerer fallen, Unterstützung und Subventionen einzufordern. Der Trend der Zeit ist, dass der Staat immer »schlanker« werden soll. Öffentliche Dienstleistungen werden privatisiert, die Haushalte werden zusammengestrichen, und vielfach bestimmt Angst anstatt Mut den Kurs der Politik. Veränderungen werden häufig damit gerechtfertigt, dass sie die Volkswirtschaften dynamischer und wettbewerbsfähiger machen. Mein Appell lautet, die Art und Weise zu ändern, wie wir über den Staat sprechen, über seine Rolle in der Wirtschaft; ein Appell, seine Rolle mit anderen Worten und Bildern zu beschreiben.

Der Umbau der Familienstrukturen

Das Modell des Familienernährers verliert seine Bedeutung. Entsprechend des neoliberalen Credos sind heute alle dazu aufgerufen, ihre Arbeitskraft zu verkaufen und für die eigene Reproduktion genauso eigenverantwortlich zu sorgen wie für die Erziehung der Kinder und die Unterstützung hilfebedürftiger Angehöriger.

von GABRIELE WINKER*

Das Reproduktionshandeln aller Einzelnen verändert sich in dieser Situation. Es lassen sich analytisch vier Reproduktionsmodelle unterscheiden, in denen die anfallende Sorgearbeit in Familien ebenso wie die Existenzsicherung durch Lohn- oder Transfereinkommen in unterschiedlicher Weise realisiert werden. In all diesen Reproduktionsmodellen kommt es zu hohen Arbeitsbelastungen, insbesondere für Frauen, und zu vielfältigen Formen sozialen Leids. Als Handlungsperspektive wird abschließend die Transformationsstrategie der Care Revolution dargestellt.[1]

Immer mehr Menschen stehen vor der immer schwierigeren Aufgabe, den Balanceakt zwischen Lohnarbeit und unentlohnter Reproduktionsarbeit für sich und andere individuell zu meistern. Insbesondere Frauen leben mit der dauernden Belastung, den Anforderungen nicht gerecht zu werden. Arbeit ohne Ende wird damit zur alltäglichen Realität. In der Folge kommt die Sorge für sich selbst zu kurz. Muße ist zum Fremdwort geworden.

Foto: TU-Hamburg-Harburg

***GABRIELE WINKER,** lehrt und forscht an der TU Hamburg-Harburg und ist Mitbegründerin des Feministischen Instituts Hamburg. Sie ist Autorin des Buchs Care Revolution. Schritte in eine solidarische Gesellschaft (transcript, 2015).*

In der politischen Debatte steht allerdings nach wie vor die Erwerbsarbeit im Zentrum der Diskussion. Die Frage, was diese derzeitige Entwicklung für Familien bedeutet, wird dagegen wenig gestellt. Ebenfalls wird kaum thematisiert, dass die steigenden Belastungen und Verunsicherungen mit einem deutlichen Wandel der Reproduktionsarbeit und damit den Arbeitsbedingungen der familiären Sorgearbeitenden einhergehen. Dabei verstehe ich unter Reproduktionsarbeit die unter den jeweiligen kapitalistischen Bedingungen zur Reproduktion der Arbeitskraft notwendigen Tätigkeiten, die nicht warenförmig, sondern ausschließlich am Gebrauchswert orientiert in familialen und zivilgesellschaftlichen Bereichen geleistet werden.

Diese umfassen vor allem die Ernährung, Erziehung und Bildung von Kindern und Jugendlichen als neue Generationen von Arbeitskräften sowie die Reproduktion der eigenen Arbeitsfähigkeit und auch Unterstützungsleistungen zur Reproduktion der Arbeitsfähigkeit anderer Erwerbspersonen. Reproduktionsarbeit fokussiert dabei nicht nur auf die (Wieder-)Herstellung von Arbeitskraft, sondern bezieht auch das Überleben und Wohlbefinden ehemaliger Arbeitskräfte und damit die Versorgung unterstützungsbedürftiger alter Menschen ein. Derzeit sind drei politisch-ökonomische Entwicklungen deutlich sichtbar, die alle dazu beitragen, die Realisierung von Reproduktionsarbeit zu erschweren:

Erstens verschwindet der Familienernährer. Das Ernährermodell hatte in einer kurzen, ökonomisch verhältnismäßig stabilen Zeit Anfang der 1960er- bis Mitte der 1970er-Jahre in der Bundesrepublik Deutschland seine Hochzeit. Der Lohn bzw. das Gehalt des meist männlichen Ernährers entsprach einem Familienlohn, der die Alimentation der Ehefrau und die finanzielle Versorgung von Kindern erlaubte. So konnte sich damals die Mehrzahl der männlichen Beschäftigten den freiwilligen oder erzwungenen Verzicht von Frauen auf

Berufstätigkeit im wahrsten Sinne des Wortes leisten. Soziale Risiken durch Krankheit, Berufsunfähigkeit, Erwerbslosigkeit und Altersversorgung waren weitgehend abgesichert durch beitragsfinanzierte Sicherungssysteme und damit verbundene staatliche Sozialleistungen, die auf die Absicherung des jeweiligen Lebensstandards gerichtet waren. Mit zunehmenden ökonomischen Krisen wird seit Mitte der 1970er-Jahre deutlich, dass das Ernährermodell für die Kapitalverwertung mit verhältnismäßig hohen Kosten verbunden ist – einem Familienlohn sowie hohen Sozialausgaben. Gleichzeitig gerät auch die ideologische Akzeptanz dieses Modells, das die Geschlechterhierarchie aufrechterhält, im Zusammenhang mit der zweiten Welle der Frauenbewegung ins Wanken.

So waren 2012 in der BRD bei nur noch 29 % aller Paare mit Kindern unter 18 Jahren allein der Vater erwerbstätig aktiv, im Jahr 1996 war dies noch bei 40 % der Fall (Keller/Haustein 2013: 870). Sinkende Reallöhne führten dazu, dass sich nicht nur Einkommensschwache, sondern auch viele Mitglieder des Mittelstands dieses Modell des Alleinverdieners nicht mehr leisten können. Heute sind alle erwerbsfähigen Familienangehörigen gefordert – unabhängig von ihrem Geschlecht, dem Familienstatus sowie der Anzahl der zu betreuenden Kinder und Angehörigen – für ihren eigenen Lebensunterhalt aufzukommen.

Konzept der Hausfrau ist passé

Zweitens verliert auch das traditionelle Konzept der Hausfrau an Bedeutung. Während die Frauenerwerbsquoten im Zeitraum von 1960 und 1970 zwischen 46 % und 48 % lagen, steigt die Erwerbsquote von Frauen seither kontinuierlich an: allein zwischen 1991 und 2013 von 60,7 % auf 72,4 % (Statistisches Bundesamt 2014: 129).[2] So stehen viele Frauen – zumal bei hochflexiblen Arbeitszeitanforderungen – nicht mehr umfassend für die Reproduktionsarbeit zur Verfügung. Dies lässt sich als später Erfolg der zweiten Frauenbewegung lesen, führt allerdings mit dem Phänomen, dass trotz steigender Erwerbsquoten finanzielle Unsicherheit und Armut zunehmen, zu einer neuen Problematik: Für viele Frauen wird die Abhängigkeit als Hausfrau vom Familienernährer ersetzt durch die Pflicht zur Vermarktung der eigenen Arbeitskraft unter prekären Bedingungen oder durch ein Leben unter den rigiden Einschränkungen und Zwängen des Arbeitslosengelds II.

Drittens steigen die inhaltlichen und zeitlichen Anforderungen an die Reproduktionsarbeit. Familien werden zu Schaltstellen eines umfassenden und komplexen Managements. Wegen der nicht gesicherten Ganztagesbetreuung von Kindern ist es die Aufgabe von Eltern, primär von Müttern, mobil und flexibel zur Verfügung zu stehen für die Hausaufgabenbetreuung, das warme Mittagessen oder Fahrdienste zu Sport- oder Musikaktivitäten. Dazu kommt die wachsende Verantwortung für kranke und unterstützungsbedürftige Angehörige, nicht zuletzt aufgrund staatlicher Deregulierung. Gefordert sind auch in Familien vielfältige Ausprägungen von Sozialkompetenz und ein erhöhtes Expertenwissen in Bezug auf Gesundheit, Bildung. Staatlich organisierte Leistungen werden in diesen Bereichen zunehmend inadäquat.

Entlohnte Sorgearbeit muss, wenn beispielsweise Patient_innen aus Kostensenkungsgründen zu früh aus dem Krankenhaus entlassen werden, durch nicht entlohnte familiäre Sorgearbeit ausgeglichen werden.[3] Und auch die Sorgearbeit für sich selbst wird immer aufwendiger. Es gilt die eigene Qualifikation fortwährend zu verbessern sowie einen eigenverantwortlichen Umgang mit permanenten Überforderungen und Gesundheitsrisiken zu erlernen. Insbesondere Frauen müssen die unterschiedlichen, durch die steigenden Anforderungen immer dichter werdenden Zeitpläne der Familienmitglieder synchronisieren und leiden selbst unter permanenter Zeitnot bzw. Stress. Wegen dieser erhöhten inhaltlichen und zeitlichen Anforderungen halten Tanja Carstensen und ich (2007) es für notwendig, das Konzept des Arbeitskraftunternehmers (Pongratz/Voß 2003) um die steigenden Anforderungen an Eigenverantwortung und Koordination im Bereich der Reproduktionsarbeit zu erweitern. Dafür erscheint uns der Begriff der »Arbeitskraftmanager_in« angemessen, weil er die aktive Koordinierung und Synchronisation von Tätigkeiten ganz verschiedener Art in allen Arbeitsbereichen betont.

Familienpolitik als Wirtschaftspolitik

Die Kombination von fallenden Haushaltsnettoeinkommen, zunehmender Frauenerwerbstätigkeit und steigenden Reproduktionsanforderungen führt zwangsläufig zu der Frage, wie in den Familien die zur Reproduktion der berufstätigen Familienmitglieder, aber auch die zur Erziehung von Kindern und zur Versorgung unterstützungsbedürftiger Angehöriger notwendige Arbeit geleistet werden soll. Diese Tätigkeiten überschritten in der BRD 2001 mit einem Gesamtvolumen von 96 Mrd. Stunden zeitlich um das 1,7-Fache die insgesamt 56 Mrd. Stunden Erwerbsarbeit und sind weit überproportional Frauen zugeordnet (BMFSFJ/Statistisches Bundesamt 2003: 11).

Die derzeitige Familienpolitik in der BRD unterstützt die familiär Sorgearbeitenden nur dort, wo es dem Wirtschaftswachstum zuträglich ist. So setzt sich das Bundesfamilienministerium neben der Erhöhung der Geburtenrate seit 2003 als zentrale Aufgabe, die Frauenerwerbsbeteiligung zu steigern (Rürup/Gruescu 2003: 56). Denn der Bevölkerungsrückgang, so Bert Rürup und Sandra Gruescu (2003: 52ff.), führe zu einer Beeinträchtigung des Sozialprodukts. Demzufolge gelte es, dieser Entwicklung durch eine Steigerung der Geburtenrate entgegenzuwirken. Gleichzeitig soll mit der Erhöhung der Frauenerwerbstätigenquote versucht werden, auch kurzfristig das Erwerbspersonen- und Fachkräftepotenzial zu stabilisieren und damit den vorhergesagten drohenden Fachkräftemangel zumindest abzumildern. Auch für die Europäische Union ist das Adult-Worker-Modell, die Berufstätigkeit und ökonomische Unabhängigkeit möglichst aller Erwerbsfähigen, als Ziel in der im Jahr 2000 beschlossenen Lissabon-Strategie festgelegt. Diese Strategie sollte die Europäische Union innerhalb von zehn Jahren zum dynamischsten Wirtschaftsraum der Welt machen. Die 2005 bekräftigten Wachstumsziele beinhalten explizit auch die Steigerung der Frauenerwerbstätigkeit als erklärtes Ziel aller EU-Staaten (Annesley 2007).

So stehen hinter der als nachhaltig bezeichneten Familienpolitik primär ökonomische Ziele. Entsprechend wurde in der BRD zum 1. Januar 2007 das Elterngeld eingeführt, das für die Dauer von 12 bzw. 14 Monaten gewährt wird, um für sogenannte Leistungsträger Anreize zu schaffen, mehr Kinder in die Welt zu setzen. Dabei wird sehr deutlich zwischen Leistungsträger_innen und Leistungsempfänger_innen unterschieden. Während beispielsweise gut verdienende Eltern für zwölf beziehungsweise 14 Monate bis zu 1800 Euro pro Monat Elterngeld als Lohnersatzleistung beziehen können, werden bei Empfänger_innen von Arbeitslosengeld II, dem sogenannten Hartz IV, selbst die ihnen zustehenden 300 Euro mit dem Arbeitslosengeld verrechnet. Das entspricht faktisch einer Streichung. Es geht also beim Elterngeld explizit nicht um eine allgemeine finanzielle Unterstützung von familiärer Reproduktionsarbeit.

Auch der schrittweise Ausbau der Kindertagesstätten ist primär für die Absicherung der Berufstätigkeit von Eltern gedacht. So sieht das am 1. Januar 2005 in Kraft getretene Tagesbetreuungsausbaugesetz vor, dass bis zum August 2013 für ein Drittel der Kinder bis zu drei Jahren ein Betreuungsplatz (in Krippen oder bei Tagesmüttern) zur Verfügung gestellt wird. Diese Quote ist bis heute nicht erreicht und der Bedarf an Kita-Plätzen für unter Dreijährige ist bereits höher. Bei der Vergabe von Kita-Plätzen haben trotz eines Rechtsanspruchs der Eltern auf öffentlich unterstützte Betreuung die Kinder von berufstätigen Eltern Vorrang. Da auch noch in den meisten Bundesländern Kita-Gebühren zu zahlen sind, erhalten Kinder, die in armen Haushalten aufwachsen, und damit häufig auch Kinder aus Migrationsfamilien deutlich seltener einen Kita-Platz als Kinder gut verdienender Eltern und Kinder aus Familien ohne Migrationshintergrund (BMFSFJ 2012: 109f., BMAS 2013: XIV).

Kindeswohl als Politikziel zweitrangig

Das Kindeswohl bleibt damit als Politikziel zweitrangig. Auch fehlt es in den Kitas an Personal, zumal für zusätzliche Aufgaben wie Sprachförderung oder Elterngespräche. Häufig wird unzureichend ausgebildetes Betreuungspersonal eingesetzt und die qualifizierten Fachkräfte werden schlecht entlohnt. Diese grundlegende Unterversorgung in der frühkindlichen Bildung lässt sich an international vergleichenden Statistiken ablesen. Als Anteil am Bruttoinlandsprodukt ausgedrückt, liegen die öffentlichen Ausgaben für die Betreuung von Kindern unter 6 Jahren in der BRD mit circa 0,5 % deutlich niedriger als im Durchschnitt von 33 OECD-Ländern (circa 0,7 %).[4] Die Länder an der Spitze geben dafür das Dreifache aus, etwa Island mit 1,7 % oder Dänemark und Schweden mit je 1,4 % (BMAS 2013: XIX)

Auch die am 1. Januar 2008 in Kraft getretene Unterhaltsreform zielt darauf, Erwerbstätigkeit von Kindererziehenden – in der Regel Frauen – zu forcieren. Alle Kinder unterhaltspflichtiger Partner und Partnerinnen erhalten Vorrang vor dem Unterhalt für geschiedene Frauen (oder auch Männer); deren Unterhalt wird entsprechend eingeschränkt oder entfällt ganz. Das zwingt Frauen nach der Scheidung, ihren Lebensunterhalt selbstständig zu bestreiten, auch wenn sie Kinder zu versorgen haben. Ausgenommen von der Erwerbspflicht sind Frauen mit Kindern unter drei Jahren. Da Frauen nach wie vor deutlich weniger verdienen als Männer und vor allem nach einer Familienphase schlechtere Einstiegsmöglichkeiten auf dem Arbeitsmarkt haben, werden sich mit diesem neuen Recht viele Frauen, die Reproduktionsarbeit leisten, nach einer Scheidung in prekären Lebensverhältnissen wiederfinden.

Das politische Ziel des eingeschlagenen Wegs ist klar: Frauen und Männer sollen möglichst umfassend erwerbstätig sein und sich gleichzeitig um die nächste Generation kümmern. Es geht nicht um Familienförderung im breiten Sinne, also um die Schaffung preisgünstigen Wohnraumes für Familien mit Kindern, hochwertiger gebührenfreier und flächendeckend verfügbarer Kinderbetreuungseinrichtungen oder eines kostendeckenden Kindergelds für alle. Im Fokus derzeitiger Familienpolitik stehen nicht finanziell schwache Familien oder erwerbslose bzw. schlecht verdienende Mütter, sondern vielmehr hoch qualifizierte berufstätige Frauen, die ein relativ hohes Einkommen haben und die motiviert werden sollen, die neue Generation von Arbeitskräften auf die Welt zu bringen und entsprechend der erhöhten Bildungsanforderungen zu erziehen.

Bei der Betreuung pflege- und hilfsbedürftiger älterer Menschen ist die staatliche Unterstützung noch deutlich geringer, werden diese doch im Gegensatz zu Kindern nicht mehr als Arbeitskräfte benötigt. Dort konnte eine bezahlte Freistellung zur Pflege – vergleichbar mit dem Elterngeld – nicht durchgesetzt werden. Nach dem Pflegezeitgesetz können sich pflegende Angehörige zwar bis zu sechs Monate von der Erwerbsarbeit freistellen lassen oder nach dem

Familienpflegezeitgesetz ihre Arbeitszeit während zwei Jahren reduzieren, allerdings bei beiden Formen ohne jeglichen Ausgleich für die entfallenen Löhne und Gehälter. Seit 2015 gibt es lediglich für zehn Arbeitstage Lohnersatzleistungen, wenn es notwendig ist, der beruflichen Arbeit fernzubleiben, um für einen pflegebedürftigen nahen Angehörigen in einer akut aufgetretenen Pflegesituation eine bedarfsgerechte Pflege zu organisieren oder eine pflegerische Versorgung in dieser Zeit sicherzustellen. So wird bei der Pflege auf das große Engagement der Angehörigen gesetzt, die mit einem – wenn überhaupt – nur geringen Pflegegeld die Sorge für Eltern und Verwandte übernehmen.

Erst wenn Familien die anfallenden Pflegeleistungen nicht mehr alleine übernehmen können, kommt es zur Ökonomisierung der Altenpflege. Dabei erhalten in den Haushalten kostengünstige, nicht sozialversicherte Pflegekräfte, die von der Steuer absetzbar sind, sowie ambulante Unterstützungsleistungen Vorrang vor der kostenintensiven stationären Unterbringung. Das Prinzip, dass Transferleistungen gegenüber dem Ausbau staatlicher Infrastruktur zu bevorzugen sind, setzt sich hier noch deutlicher durch als bei der Kindererziehung.

Ungelöst bleibt bei dieser Form von Familien- und Pflegepolitik, wer die nicht warenförmig abzuwickelnden Reproduktionsarbeiten tätigen soll. So ist es auch nicht verwunderlich, dass nach einer Studie des Instituts für Demoskopie Allensbach (2013: 7) zwei Drittel der Bevölkerung den Eindruck haben, dass Familie und Beruf in Deutschland nicht gut zusammenpassen. Besonders kritisch wird die Vereinbarkeit dieser Sphären von Müttern minderjähriger Kinder gesehen: Von ihnen bewerten 75 % die Vereinbarkeit als »nicht so gut« (ebd.).

Zusammenfassend lässt sich festhalten, dass die derzeitige neoliberal ausgerichtete Politik Familien nur dort unterstützt, wo ansonsten die Erwerbstätigkeit von Frauen gefährdet ist und das ökonomische Wachstum beeinträchtigt wird. Die dafür zur Verfügung stehenden Transferleistungen kommen primär der ohnehin bereits finanziell bessergestellten Mittelschicht und den Einkommensstarken zugute. In allen anderen Bereichen gibt es bestenfalls geringe finanzielle Anreize, damit Familien möglichst viel familiäre Sorgearbeit übernehmen. Familienpolitik ist damit im Kern Wirtschaftspolitik.

Vier Reproduktionsmodelle

Da staatliche Politik kaum Unterstützung für alltäglich anfallende Reproduktionstätigkeiten bietet, bleibt es die Aufgabe aller, jeweils für sich den Balanceakt zwischen Lohn- und Reproduktionsarbeit zu meistern. Als Arbeitskraftsmanager_innen sollen sie bei verstärkten Flexibilitätsansprüchen, kontinuierlichem Leistungsdruck, verlängerten Arbeitszeiten und sinkenden Reallöhnen ihren eigenen Lebensunterhalt verdienen. Gleichzeitig sollen sie große Teile der weiter zunehmenden Reproduktionstätigkeiten bei der Kindererziehung, aber auch der Betreuung von unterstützungsbedürftigen älteren Menschen übernehmen. Familien sind allerdings, primär aufgrund ihrer finanziellen Ressourcen, höchst unterschiedlich in der Lage, mit diesem Dilemma umzugehen. Deswegen halte ich es für zu kurz gegriffen, in Abgrenzung vom Familienernährermodell jetzt von einem Doppelverdiener-Modell oder bei Teilzeitarbeit, die meist von Frauen ausgeführt wird, von einem schwachen Ernährermodell zu sprechen. Wichtig für eine Kritik der derzeitigen Situation sind differenziertere Analysen. Idealtypisch unterscheide ich deswegen zwischen vier Reproduktionsmodellen: dem ökonomisierten, dem paarzentrierten, dem prekären und dem subsistenzorientierten Familienmodell.[5]

Das ökonomisierte Reproduktionsmodell: Darunter fasse ich alle Familien, in denen Erwerbstätige unbefristet und vollbeschäftigt in sozial abgesicherten Normalarbeitsverhältnissen tätig sind, sofern deren verfügbares Familieneinkommen 120 % des mittleren Nettoäquivalenzeinkommens übersteigt. Da in diesem Modell bei einer hohen Fixierung auf die Erwerbsarbeit keine Zeit bleibt, die anfallende Reproduktionsarbeit in hinreichendem Umfang selbst zu erbringen, wird diese zum Teil an Care-Beschäftigte abgegeben, sowohl an Erzieher_innen und Lehrer_innen in Ganztagskindergärten und -schulen als auch an Haushaltsarbeiter_innen im privaten Haushalt. Das vergleichsweise hohe Einkommen ermöglicht diese Ökonomisierung.

Dieses ökonomisierte Reproduktionsmodell ist für Haushalte mit minderjährigen Kindern häufig nur deshalb praktikabel, weil es als das favorisierte neoliberale Modell von der bundesdeutschen Familienpolitik seit circa zehn Jahren umfassend unterstützt wird. So profitiert gerade diese Gruppe, da sie vor der Geburt eines Kindes viel verdient hat, massiv vom Elterngeld, das in Abhängigkeit vom vorherigen Einkommen berechnet wird.

Gleichzeitig werden die neu geschaffenen Kita-Plätze für Kinder unter drei Jahren überproportional Besserverdienenden zur Verfügung gestellt, da Eltern mit hohem Umfang der Erwerbstätigkeit in aller Regel den Vorzug erhalten, wenn nicht genügend Plätze zur Verfügung stehen. Eine weitere wichtige Voraussetzung für das Gelingen dieses ökonomisierten Reproduktionsmodells ist, dass die in Familien anfallende Reproduktionsarbeit kostengünstig an Haushaltsarbeiter_innen abgegeben werden kann. Diese sind oft Migrant_innen, die zu Niedriglöhnen und ohne soziale Absicherung und Urlaubsansprüche beschäftigt werden.

Das paarzentrierte Reproduktionsmodell: Hier sind in der Regel zwei Elternteile aktiv erwerbstätig, allerdings nur einer, meist der Mann, in Vollzeit, während die andere, meist die

Frau, Teilzeit beschäftigt ist. Zum paarzentrierten Reproduktionsmodell gehören Haushalte, die mit dieser Konstellation einen mittleren bis gehobenen Lebensstandard erreichen. Um dieses Modell nach unten zum prekären Reproduktionsmodell abzugrenzen, setze ich hier ein Nettoäquivalenzeinkommen von mindestens 80 % des Medians. Diese Haushalte können aus finanziellen Gründen die anfallende Reproduktionsarbeit nur für bestimmte Aufgaben oder eine bestimmte Zeitspanne an Haushaltsarbeiter_innen abgeben. Der große Teil der Reproduktionsarbeit wird von den Familienmitgliedern selbst in Doppelbelastung getätigt. Dabei legt ein Familienmitglied, zumeist die Frau, häufig den Schwerpunkt auf die Reproduktionsarbeit. Dieses paarzentrierte Modell kann auf der Grundlage geschlechterhierarchischer Arbeitsteilung stabil sein, zumindest solange nicht eine Person erwerbslos wird oder das Paar sich trennt.

Dieses paarzentrierte Reproduktionsmodell erinnert an das Ernährermodell mit der sogenannten Zuverdienerin, ohne dass es allerdings noch einen realen Familienernährer gibt. Es profitiert von sozialpolitischen Regulierungen wie dem seit 1958 wirksamen Ehegattensplitting. Allerdings unterscheidet sich dieses Reproduktionsmodell von der Kleinfamilie der 1960er- und 1970er-Jahre dadurch, dass die Absicherung bei Arbeitsplatzverlust und Krankheit durch gesetzliche Einschnitte in das Sozialversicherungssystem deutlich prekärer ist als früher. Auch bei Scheidung droht Existenzunsicherheit, da sich nach der bundesdeutschen Unterhaltsreform seit 2008 die bisher in Teilzeit arbeitenden Partner_innen, wenn das jüngste Kind drei Jahre und älter ist, grundsätzlich selbst versorgen müssen. Selbst wenn dies kurzfristig gelingt, kommt es wegen unzureichender Anrechnung von Kinderbetreuungszeiten, Lücken in der Erwerbsbiografie und schlechteren Verdienstmöglichkeiten von Frauen häufig zu niedrigen Rentenansprüchen und damit zu Armut im Alter.

Das prekäre Reproduktionsmodell: Viele Familien mit minderjährigen Kindern befinden sich im prekären Reproduktionsmodell, in dem die Familienmitglieder nicht in der Lage sind, sich über Erwerbsarbeit eine stabil die Existenz sichernde Perspektive zu erarbeiten. Diese Gruppe ist zwar nicht nach offizieller Definition armutsgefährdet, hat aber nur 60 % bis 80 % des mittleren Nettoäquivalenzeinkommens zur Verfügung. Dies betrifft einen großen Teil der Alleinerziehenden sowie der Paarhaushalte, in denen nur ein Elternteil, meist der Mann, erwerbstätig ist. Seit dem Abbau des Familienernährerlohns reicht ein Erwerbstätiger pro Haushalt in der Regel nur zu einem niedrigen Lebensstandard, der täglich durch die Suche nach Sonderangeboten oder anderen Möglichkeiten, Ausgaben zu verringern, gesichert werden muss. Aber es gibt in diesem Modell auch Haushalte, die selbst mit zwei Gehältern ihre Existenz kaum sichern können.

Gerade das prekäre Reproduktionsmodell ist dadurch gekennzeichnet, dass die Familienmitglieder in diesen Haushalten nicht wissen, wie lange sie ein Leben jenseits von Armut realisieren können. Diese Menschen stehen unter enormem Leistungsdruck und versuchen alles, um den gesellschaftlichen Anforderungen gerecht zu werden. Sie versuchen über Mini-Jobs oder irreguläre Arbeit möglichst viel zum Familieneinkommen beizutragen, bleiben aber für den Großteil der Reproduktionsarbeit zuständig, den sie aus finanziellen Gründen nicht an bezahlte Dritte weitergeben können. Was dabei oft deutlich zu kurz kommt, ist die Selbstsorge.

Im subsistenzorientierten Familienmodell finden sich Familien wieder, die ohne existenzsichernde Erwerbsarbeit auf die staatliche Grundsicherung angewiesen sind. Dies trifft überproportional häufig Alleinerziehende und pflegende Angehörige, aber auch chronisch kranke oder körperlich stark eingeschränkte Personen oder auch Asylsuchende. Sie sind wegen Sorgeverpflichtungen, wegen ihrer nicht nachgefragten

Qualifikationen, wegen Erwerbsminderung, nicht anerkannter Bildungsabschlüsse oder fehlender Arbeitserlaubnis entweder überhaupt nicht in der Lage, ihre Arbeitskraft zu verkaufen, oder können dies nur zu einem Lohn tun, der unterhalb des Existenzminimums liegt und deswegen mit Arbeitslosengeld II aufgestockt wird. Kurzfristige Strategien zur Existenzsicherung stehen hier im Vordergrund. Diese Personen werden in einer Gesellschaft, in der nur Erwerbsarbeit zählt, abgewertet und stigmatisiert. Dennoch unternehmen auch sie vielfältige Aktivitäten zur Absicherung ihrer Existenz, müssen dabei allerdings mit der Einschränkung ihrer Handlungsspielräume kämpfen. Ihnen wird das Recht, selbst zu bestimmen, wie sie die Sorgearbeit für sich und andere organisieren und wie sie versorgt werden möchten, grundlegend verwehrt.

Belastende Anforderungen

Zunächst ist festzuhalten, dass in allen Reproduktionsmodellen weiterhin vor allem Frauen die anfallende Reproduktionsarbeit erledigen (BMFSFJ 2012: 76ff.). Die konkrete Arbeitsteilung ist jedoch in Abhängigkeit von den vorhandenen finanziellen Ressourcen unterschiedlich organisiert. Deswegen sind Reproduktionsmodelle nicht nur durch geschlechterhierarchische Arbeitsteilungen bestimmt, sondern auch durch klassistische, rassistische und körperbezogene Diskriminierungsmechanismen: Die Möglichkeit, die eigene Arbeitskraft zu einem existenzsichernden Lohn verkaufen zu können, ist je nach sozialer Herkunft, nach Bildungs- und Berufsabschlüssen sehr unterschiedlich ausgeprägt. Dieser ungleiche Zugang zur Erwerbssphäre führt zu unterschiedlichen familiären Arbeitsteilungen und Handlungsmöglichkeiten in Bezug auf notwendige Reproduktionstätigkeiten. So können Personen im ökonomisierten Modell ihre Reproduktionsarbeit an sozial nicht abgesicherte Migrant_innen abtreten, die wiederum ihre Sorgeverantwortung an meist weibliche Familienangehörige in ihren Heimatländern weitergeben. Auch bodyistische Diskriminierungen sind wirksam: Chronisch kranke und weniger leistungsstarke Menschen oder Menschen mit erhöhtem Selbstsorgeaufwand werden schnell ausgegrenzt. Die Benachteiligung auf dem regulären Arbeitsmarkt ermöglicht ihnen häufig nur ein Leben im subsistenzorientierten Reproduktionsmodell.

Gleichzeitig hat das Ausmaß der Sorgeaufgaben wiederum Auswirkungen auf die Chance, die eigene Arbeitskraft überhaupt verkaufen zu können. Eltern- und primär Mutterschaft wird zu einer wichtigen Kategorie sozialer Ungleichheit (Lenze 2008). So führen nicht nur ungleiche Zugänge zur Erwerbsarbeit, unterschiedliche Erwerbsbeteiligung und Lohndifferenzen, sondern auch unterschiedlich hohe Sorgeaufgaben zu deutlich ungleichen Chancen, das eigene Leben zu gestalten. Es sind Zugangsbarrieren zu einer existenzsichernden Erwerbsarbeit ebenso wie umfangreiche Sorgeaufgaben, die viele Menschen – vor allem, aber nicht nur Frauen – in hoch belastende und prekäre Arbeitssituationen bringen.

Die Anforderungen in allen vier Reproduktionsmodellen führen allerdings nicht nur zu einer hohen individuellen Belastung der Beteiligten, sondern darüber hinaus auch zu einer Gefährdung sozialer Beziehungen. Diese werden innerhalb und außerhalb der Familien durch lange Arbeitszeiten, hohe Sorgeverpflichtungen und große Flexibilitätsanforderungen erschwert. Oft gelingt der Aufbau verlässlicher sozialer Netzwerke aus diesem Grund nur begrenzt. In diesem Sinn spreche ich von einer Zerstörung des Sozialen.

So lässt sich festhalten: Es gibt nicht ein neoliberales Reproduktionsmodell, sondern die Anforderungen werden auf unterschiedliche Weise bearbeitet. Allerdings bieten alle vier Reproduktionsmodelle keine erstrebenswerte Zukunftsperspektive.

Denn die Erfüllung grundlegender Bedürfnisse im Zusammenhang mit der Möglichkeit, selbstbestimmt Sorge zu geben und selbstbestimmt Sorge zu empfangen, wird in diesen Modellen blockiert. Dies führt zu Überlastung und sozialem Leid.

Care Revolution als Perspektive

Care Revolution ist eine politische Transformationsstrategie, die anknüpfend an die Erkenntnisse feministischer Politik die grundlegende Bedeutung der Sorgearbeit im nicht entlohnten familiären Bereich ebenso wie im entlohnten Care-Bereich ins Zentrum stellt und das gesellschaftliche Zusammenleben ausgehend von menschlichen Bedürfnissen zu gestalten. Damit wird Care-Arbeit, die in den meisten politischen Strategien ebenso wie in den vorherrschenden ökonomischen Theorien keine Rolle spielt, als Bezugspunkt der Gesellschaftsveränderung gewählt. Das Ziel der Care Revolution ist eine an menschlichen Bedürfnissen, insbesondere an der Sorge füreinander, orientierte, radikal demokratisch gestaltete Gesellschaft. Ich wähle hierfür den Begriff der solidarischen Gesellschaft.

Mit der Care Revolution ist also ein grundlegender Perspektivwechsel verbunden. Es geht um nicht weniger als die Herausforderung, nicht weiter die Profitmaximierung, sondern stattdessen die Verwirklichung menschlicher Bedürfnisse ins Zentrum gesellschaftlichen und damit auch ökonomischen Handelns zu stellen.

Zur Realisierung auch der kleinsten Schritte in diese Richtung bedarf es einer gesellschaftlichen Mobilisierung, eines Zusammenschlusses Aktiver über Care-Bereiche und über Positionen im Sorgeverhältnis hinweg. Heute gibt es in der BRD bereits eine Reihe von Organisationen von pflegenden Angehörigen, Elterninitiativen, Gruppen von Migrant_innen und Geflüchteten, die sich gegen die Überlastung und gleichzeitige Abwertung ihrer unentlohnten Sorgearbeit wehren. Auch viele Care-Beschäftigte in Krankenhäusern, Kitas und Altenheimen sind nicht länger bereit, die inhumanen Bedingungen des Status quo für Beschäftigte und Betreute weiter zu dulden. Dazu kommen viele junge Menschen, die sich gegen eine Welt wehren, in der sie sich kein gelingendes Leben vorstellen können. Circa 70 dieser Gruppen und Initiativen aus dem deutschsprachigen Raum haben sich im Netzwerk Care Revolution zusammengeschlossen.[6]

Konkret ist derzeit zunächst wichtig, eine existenzielle Absicherung aller Menschen durchzusetzen, beispielsweise durch die Realisierung eines bedingungslosen Grundeinkommens. Eine deutliche Reduktion der Vollzeit-Erwerbsarbeit kann darüber hinaus allen Menschen mehr Zeit für Sorgearbeit sowie zivilgesellschaftliche und politische Arbeit ermöglichen. Weiter ist es notwendig, die öffentlichen Care-Dienstleistungen in Bildung und Erziehung, in Gesundheit und Pflege auszubauen. Nur so können einzelne Individuen entlastet werden und nur so lässt sich gleichzeitig die Qualität der öffentlichen Daseinsvorsorge erhöhen. Und selbstverständlich müssen auch die Arbeitsbedingungen und die Verdienstmöglichkeiten der Care-Beschäftigten, beispielsweise von Erzieher_innen und Altenpflegekräften, deutlich verbessert werden und es muss eine soziale Absicherung der häufig migrantischen Beschäftigten in Privathaushalten durchgesetzt werden. Notwendig ist dafür eine umfassende Umverteilungspolitik.

Die sozialen Auseinandersetzungen um diese und viele andere Reformprojekte gilt es permanent zu verbinden mit dem Eintreten für eine Gesellschaft, in der alle – solidarisch organisiert – die jeweils eigenen Fähigkeiten entwickeln können. Diese Strategie weist bewusst über den Rahmen des derzeitigen politisch-ökonomischen Systems hinaus. Rosa Luxemburg benennt sie 1903 als »revolutionäre Realpolitik«.

Ich gehe davon aus, dass es sinnvoll ist, mit der Vergesellschaftung und grundlegenden Demokratisierung beim Care-Bereich zu beginnen. Wenn Vermeidung von Ausschlüssen, demokratische Gestaltung und Bedürfnisorientierung die Ziele sind, an denen sich ein solidarisch organisierter Care-Bereich orientieren muss, sehe ich zwei gangbare Wege. Möglich ist zum einen eine schrittweise Demokratisierung der bislang privatwirtschaftlich, staatlich oder von Wohlfahrtsverbänden organisierten Infrastruktur. Das lässt sich beispielsweise über gewählte Care-Räte realisieren, die einer Rechenschaftspflicht gegenüber ihrer Basis unterliegen. Zum anderen ist eine auf kollektiven Projekten beruhende dezentrale Neugestaltung von Care gut vorstellbar. Dabei lässt sich auf die Erfahrungen bereits bestehender Kollektive wie Wohnprojekte, Produktionskollektive oder Nachbarschaftsläden aufbauen. Beide Wege halte ich für so attraktiv, dass es sich lohnt, sie anzugehen und zu verbinden.

Mit der Etablierung solcher dezentraler und zentraler Strukturen, in denen bedürfnisorientiert und tatsächlich demokratisch Entscheidungen getroffen werden, lassen sich Erfahrungen sammeln und Fähigkeiten erwerben, die es darüber hinausgehend ermöglichen, die Ökonomie insgesamt, also auch über den Care-Bereich hinaus, zu vergesellschaften.

Im Prozess der Herausbildung und Weiterentwicklung einer solidarischen Gesellschaft ist ferner von zentraler Bedeutung, dass sowohl in einzelnen Kollektiven und Gemeinschaften vor Ort als auch in überregionalen Institutionen immer wieder Hierarchien, Abwertungen und Ausgrenzungen einzelner Menschen oder Gruppen bewusst reflektiert werden. In der heutigen Kultur sind Prinzipien der Über- und Unterordnung entlang von Kategorien wie Geschlecht, sexueller Orientierung, rassistischen Zuschreibungen, beruflicher Kompetenz und körperlicher Leistungsfähigkeit fest verankert. Deswegen ist es so enorm wichtig, dass sich in der Care-Bewegung Aktive gegen damit verbundene Diskriminierungen zur Wehr setzen, aber auch ihr eigenes Verhalten gegenüber den als Andere konstruierten Menschen kritisch beleuchten und immer wieder verändern. Dies ist ein noch lange andauernder und unabdingbar notwendiger Prozess. Wenn es auf diese Weise gelingt, eine Kultur des offenen und solidarischen Miteinander zu etablieren, dann können wir eine Gesellschaft entwickeln, in der sich Menschen nicht mehr als Konkurrent_innen gegenüberstehen, sondern deren zentrales Konstruktionsprinzip Solidarität ist.

Anmerkungen

[1] Dieser Artikel fasst einige zentrale Gedanken eines Buches der Autorin zur Care Revolution zusammen, die umfassender in Winker, Care Revolution. Schritte in eine solidarische Gesellschaft. Bielefeld: transcript Verlag, DOI: 10.14361/transcript.9783839430408, nachzulesen sind. Wiederabdruck einzelner Abschnitte aus diesem Buch mit freundlicher Genehmigung durch den transcript Verlag.

[2] Zum Vergleich: Die Erwerbsquote von Männern steigt im selben Zeitraum nur um einen halben Prozentpunkt von 81,8 % im Jahr 1991 auf 82,3 % im Jahr 2013 (Statistisches Bundesamt 2014: 129).

[3] Der Begriff Sorgearbeit bzw. Care-Arbeit bezeichnet die konkreten Sorgetätigkeiten, also das Erziehen, das Pflegen, das Betreuen, das Lehren, das Beraten. Diese Care-Arbeit kann unentlohnt in Familien oder auch in Vereinen oder Initiativen erbracht werden. Sie kann aber auch entlohnt in staatlichen Institutionen, in Einrichtungen von sogenannten Wohlfahrtsverbänden oder in privatwirtschaftlichen Unternehmen stattfinden.

[4] In Österreich liegen die entsprechenden Ausgaben bei 0,4 %.

[5] Details zu den vier Reproduktionsmodellen sind in Winker (2015) zu finden.

[6] Weitere Informationen zum Netzwerk sind auf der Homepage http://care-revolution.org zu finden.

Literatur

Annesley, Claire (2007): Lisbon and social Europe: towards a European ›adult worker model‹ welfare system. In: Journal of European Social Policy, 17 (3), 195–205.

Bundesministerium für Arbeit und Soziales (BMAS) (Hg.) (2013): Lebenslagen in Deutschland. Der Vierte Armuts- und Reichtumsbericht der Bundesregierung. https://www.bmas.de/SharedDocs/Downloads/ DE/PDF-Publikationen-DinA4/a334-4-armuts-reichtumsbericht-2013. pdf?_blob=publicationFile

Bundesministerium für Familie, Senioren, Frauen und Jugend (BMFSFJ); Statistisches Bundesamt (Hg.) (2003): Wo bleibt die Zeit? Die Zeitverwendung der Bevölkerung in Deutschland 2001/02.

Bundesministerium für Familie, Senioren, Frauen und Jugend (BMFSFJ) (Hrsg.) (2012). Familienreport 2011. Leistungen, Wirkungen, Trends, Berlin. Zugriff am 23.03.2014 unter: http://www.bmfsfj.de/RedaktionBMFSFJ/Broschuerenstelle/Pdf-Anlagen/Familienreport-2011,property=pdf,bereich=bmfsfj,s prache=de,rwb=true.pdf

Keller, Matthias; Haustein, Thomas (2013): Vereinbarkeit von Familie und Beruf. Ergebnisse des Mikrozensus 2012. In: Statistisches Bundesamt (Hrsg.): Wirtschaft und Statistik, Dezember 2013, 862–882.

Institut für Demoskopie Allensbach (Hg.) (2013): Monitor Familienleben 2013. Einstellungen der Bevölkerung zur Familienpolitik und zur Familie. http:// www.ifd-allensbach.de/uploads/tx_studies/7893_Monitor_Familienleben_2013.pdf

Lenze, Anne (2008): In schlechter Verfassung. Die Familienpolitik in Deutschland. In: Vorgänge, 47 (3), 47–60.

Pongratz; Hans J.; Voß, G. Günter (2003): Arbeitskraftunternehmer. Erwerbsorientierungen in entgrenzten Arbeitsformen. Berlin.

Rürup, Bert; Gruescu, Sandra (2003): Nachhaltige Familienpolitik im Interesse einer aktiven Bevölkerungsentwicklung. Gutachten im Auftrag des Bundesministeriums für Familie, Senioren, Frauen und Jugend, Berlin.

Statistisches Bundesamt (Hg.) (2014): Mikrozensus. Bevölkerung und Erwerbstätigkeit. Stand und Entwicklung der Erwerbstätigkeit in Deutschland, Fachserie 1, Reihe 4.1.1. https://www.destatis.de/DE/Publikationen/Thematisch/Arbeitsmarkt/Erwerbstaetige/StandEntwicklungErwerbstaetigkeit2010411137004.pdf?__blob=publicationFile

Winker, Gabriele (2015): Care Revolution. Schritte in eine solidarische Gesellschaft. Bielefeld: transcript.

Winker, Gabriele; Carstensen, Tanja (2007): Eigenverantwortung in Beruf und Familie – vom Arbeitskraftunternehmer zur ArbeitskraftmanagerIn. In: Feministische Studien, Nr. 2, 277–288.

Die verscherbelte Demokratie

Im Jahr 1989, als in Berlin die Mauer fiel, endete ein großes Experiment, und es begann ein neues: Der sozialistische Menschenversuch war gescheitert, es startete der kapitalistische, und seitdem können wir ihm beim Scheitern zusehen.

von CHRISTIAN NÜRNBERGER*

Schon ab Mitte der neunziger Jahre sah man ein zentrales kapitalistisches Dogma kippen: den Glauben, man müsse nur den Staat aus allem heraushalten und stattdessen die egoistischen Privatinteressen sich auf dem Markt austoben lassen, dann werde sich alles wie von selbst zum Besten fügen.

Im Vertrauen auf diese sogenannten Selbstheilungskräfte des Marktes behaupteten damals Bundeskanzler Helmut Kohl und sein Finanzminister Theo Waigel, beraten von Koryphäen der Wirtschaft, die Kosten der deutschen Einheit aus der Portokasse bezahlen zu können, weil »ein sich selbst tragender Aufschwung« in den neuen Bundesländern innerhalb kürzester Zeit »blühende Landschaften« hervorbringen werde.

Aber dann ging dem Staat auf geheimnisvolle Weise das Geld aus, und Waigel erfand den Solidaritätszuschlag. Mit dem füllen die Bundesbürger Waigels Portokasse bis zum heutigen Tag und, wie es aussieht, für immer. Ab 1993 folgten Erhöhungen der Mehrwert-, Mineralöl-, Versicherungs-, Tabak- und Erdgassteuer.

Foto: Christliches Medienmagazin pro

*CHRISTIAN NÜRNBERGER, Publizist und freier Autor. 2013 kandidierte er für die SPD bei der Bundestagswahl in Bayern. 2015 erschien sein Buch *Die verkaufte Demokratie. Wie unser Land dem Geld geopfert wird* (Ludwig, 2015).

Auch die Sozialabgaben stiegen. Die Leistungen dagegen – im Gesundheitswesen, bei den Renten, im Sozialbereich – sanken. Und wo die blühenden Landschaften entstehen sollten, blühte die Arbeitslosigkeit und spross Unkraut aus verfallenden Bauruinen und subventionierten Steuersparmodellen.

Ich hatte ein paar Jahre gebraucht, um zu verstehen, dass gerade ein paar wichtige Spielregeln geändert worden waren. Und es war ein eher ephemeres Phänomen, durch das ich darauf aufmerksam wurde. Es hatte mit dem Wirtschaftsmagazin *Capital* zu tun, bei dem ich während der 80er-Jahre als Redakteur gearbeitet hatte. In jener Zeit veröffentlichten wir einmal pro Jahr eine Liste der größten Steuerzahler der Nation. Die ersten Plätze machten regelmäßig Daimler, Siemens, die Deutsche Bank unter sich aus.

Das aus heutiger Sicht Erstaunliche daran ist: Die Manager dieser Unternehmen waren damals stolz auf diese Tabellenführerschaft. Ebenso erstaunlich: Sie waren zufrieden mit ihrem Gehalt, das ungefähr das Zwanzigfache eines durchschnittlichen Arbeitnehmergehalts betrug.

Aber ungefähr ab Mitte der 90er-Jahre hatte *Capital* aufgehört, die Liste der größten Steuerzahler der Nation zu drucken. Stattdessen veröffentlichte ein neues Konkurrenzmagazin, die deutsche Lizenzausgabe des US-Magazins *Forbes*, Tabellen mit den reichsten Leuten der Welt. Mit diesen Krösussen, die vor allem in den USA beheimatet waren, verglichen sich jetzt die reichsten deutschen Unternehmer und kamen sich ärmlich vor. Auch deren Angestellte, die Manager, lasen die Tabellen und waren plötzlich nicht mehr zufrieden mit ihren Gehältern. Ihr Stolz auf die Steuergelder, mit denen ihre Unternehmen dem Staat die Kasse füllten, verlor sich, und sie entwickelten den Ehrgeiz, die Steuerlast ihrer Unternehmen und ihre eigene private so weit wie möglich zu drücken.

Damals begann in großem Stil jene Steuerhinterzieherei, von der wir heute durch den staatlichen Ankauf von Steuer-CDs erfahren. Und damals begann der Wettbewerb um die besten Investitionsbedingungen. Senkt eure Gewerbe- und Unternehmenssteuern – und wir kommen und schaffen Arbeitsplätze, flüsterten Investoren und Manager den Bürgermeistern, Landräten und Ministerpräsidenten ins Ohr. Und die gehorchten.

Ein Prototyp der neuen Mentalität war der Daimler-Chef Jürgen Schrempp. Bei einer Berlin-Exkursion mit Haushaltsexperten des deutschen Bundestages im Jahr 1996 – also noch zu Zeiten der schwarz-gelben Regierung Kohl – trumpfte er gegenüber den Abgeordneten bei einem Abendessen auf: »Von uns kriegt ihr nichts mehr.« Bis zur Jahrtausendwende werde sein Unternehmen in Deutschland keinen Pfennig Ertragsteuern zahlen. »Peinlich berührt schauten die Abgeordneten auf ihre Teller«, berichtete der *Spiegel*. »Am Tag zuvor war das Bonner Sparpaket verkündet worden, das Rentnern, Kranken und Arbeitslosen neue Lasten aufbürdet.«[1]

Rot-Grün forcierte die Reichen

Daran änderte sich nichts, als Gerhard Schröder Bundeskanzler und Joschka Fischer Außenminister wurden. Im Gegenteil. Sie forcierten die Steuerpolitik zugunsten der Reichen und der Unternehmen. Es gab eine Steuerbefreiung für Gewinne aus der Veräußerung von Unternehmensanteilen. Rund 24 Milliarden Euro betrug der Wert dieses Geschenks für die Unternehmen.

Der Spitzensteuersatz lag während der letzten Jahre der Regierung Kohl bei 53 Prozent. Rot-Grün senkte ihn auf 43 Prozent. Und trotzdem wurden jedes Jahr Milliarden und Abermilliarden am Finanzamt vorbei in die Steueroasen dieser Welt verschoben.

Entlastung der Starken, Belastung der Schwachen – dabei blieb es nicht. Der Daimler-Chef Schrempp setzte in jenen

Jahren ein neues betriebswirtschaftliches Konzept namens »Shareholder Value« durch – ein anderes Wort für »von uns kriegt ihr nichts mehr«. Mit »ihr« waren nicht nur die Politiker, der Staat und die Kommunen gemeint, sondern auch die Arbeitnehmer. Ab jetzt habe das Management allein dem Eigentümerinteresse zu dienen. Und so geschah es.

Unternehmen waren jetzt keine sozialen Gebilde mehr, an die Menschenschicksale geknüpft sind. Unternehmen waren nicht mehr Institutionen, die ihre Verantwortung für die Beschäftigten, Kunden, Lieferanten und ihr soziales Umfeld erkannten und wahrnahmen, sondern sie mutierten zu anonymen Geldverdienmaschinen im Besitz anonymer Aktionäre, die damit verfahren durften wie mit einer toten Sache. Diese konnte verkauft, zerlegt, zerschlagen und von Arbeitskräften freigesetzt werden, wenn nur die Rendite danach wieder stimmte.

Diejenigen, die schon immer gesagt hatten, dass Marktwirtschaft gut und Planwirtschaft böse ist, fühlten sich als Sieger. Und schlussfolgerten: Da sich nun erwiesen hat, dass der Markt gut ist, wäre dann nicht mehr Markt noch besser? Also forderten sie mehr Markt und weniger Staat, und als sie ihren Willen bekommen hatten, wollten sie noch mehr Markt und noch weniger Staat. Überall in Europa wurde nun verschlankt, dereguliert und privatisiert.

Die neue Weltlage schien das zu erzwingen. Die Mauer weg, der Kommunismus weg, die nationalen Grenzen zumindest fürs Kapital weg, das Internet da und eine Milliarde Chinesen plus eine Milliarde Inder plus Lateinamerikaner, Russen, Osteuropäer, Türken da – insgesamt knapp drei Milliarden neue Konkurrenten für die alten Industriegesellschaften Westeuropas. Diese neue Realität entmachtete die Arbeitnehmerseite und verschaffte der Kapitalseite fast diktatorische Möglichkeiten.

Der Besitzer von Kapital war nun in der Lage, dem Arbeitnehmer die Pistole auf die Brust zu setzen und wie ein Erpresser zu sagen: »Du, Ware Arbeitskraft, bist mir zu teuer geworden. Mach' dich also billiger, wenn ich dich weiterhin kaufen soll. Und sei bitte auch ein bisschen flexibler und mobiler. Wenn du für mich noch interessant sein willst, dann musst du bereit sein, wenn ich dich rufe, auch am Wochenende, in der Nacht und im Urlaub, auch an anderen Orten, weit weg von deiner Familie. Und wenn ich dich nicht mehr brauche, sollst du dich nicht beklagen, sondern warten, bis ich wieder rufe. Und noch etwas: Es hat keinen Sinn, sich dagegen zu wehren. Waren wie dich finde ich überall auf der Welt. Arbeit ist auf der Welt billig wie Dreck.«

Die Politiker bekamen zu hören: »Andernorts nimmt man es nicht so genau mit dem Umweltschutz. Man umwirbt uns mit billigen Grundstücken, niedrigen Steuern, niedrigen Energiepreisen. Lasst euch also etwas einfallen, wenn ihr wünscht, dass wir bleiben.«

Der globale Standortwettbewerb war ausgerufen. In jedem Winkel der Erde wurde die Heimat der Menschen zum Industriestandort planiert. Steuern waren jetzt einfach deshalb zu senken, weil sie zuvor in anderen Ländern auch schon gesenkt worden waren. Seine Majestät der Investor diktierte den Regierungen die Bedingungen, unter denen man vielleicht bereit sei, eine Fabrik zu bauen.

Und so taten alle Regierungen dasselbe: Steuern senken für Reiche, soziale Netze beschneiden, Investoren subventionieren, Märkte deregulieren, Staatseigentum an Vermögende verkaufen, um die Schulden zu bezahlen, die man bei den Vermögenden hatte. Den Rest besorgten die Unternehmen: Kernbelegschaften ausdünnen, Arbeitnehmer entlassen und sie als Leiharbeiter, Subunternehmer oder mit Zeit- und Werkverträgen zu schlechteren Bedingungen wieder einstellen.

Die Möglichkeit, die ganze Welt mithilfe des Computers nach attraktivsten Anlagemöglichkeiten zu durchkämmen, plus der Druck, in kürzester Zeit die jeweils maximale Rendite zu erzielen, führte ohne Putsch und ohne ausdrücklichen Willen eines Diktators, scheinbar wie von selbst, zu einem Anschlag auf die Demokratie. Dieser Anschlag kündigte sich an, als der ehemalige Wirtschaftsminister Otto Graf Lambsdorff im November 1995 von der Wochenzeitung *Die Zeit* zitiert wurde mit der Aussage, die Mobilität des Kapitals habe derart zugenommen, dass inzwischen »die internationalen Investoren unsere Jury« seien.[2] Und 1998 berichtete die *Frankfurter Rundschau* von einer Frankfurter Party, bei der im höchsten Hochhaus Deutschlands 500 Finanzstrategen mit Topleuten aus der Wirtschaft gefeiert hatten. Die *Rundschau* zitierte den Dresdner-Bank-Vorstand Ernst-Moritz Lipp, der mit Blick auf die Feiernden gesagt hatte: »Deutschland ist ein Super-Tanker, und im Führer-Häuschen sitzt nicht der Bundeskanzler, sondern da sitzen die Leute, die hier auf dem Podium sind«[3] – nicht mehr der Wähler, sondern die Lambsdorff'sche Jury bestimmte nun, wie wir hier leben und arbeiten sollen.

Eigentlich wäre das jener Ernstfall gewesen, den zu verhindern der Zweck der Bundeswehr ist, doch darauf war sie nicht vorbereitet. Der Angriff auf die freiheitlich-demokratische Grundordnung wurde von der Roten Armee erwartet, nicht von Bankern und Investoren. Und gegen die hätte die Bundeswehr mit ihren Panzern und Raketen auch gar nichts ausrichten können.

Aber warum hat es keinen Volksaufstand gegeben? Weil das Volk es gar nicht merkte. Der Anschlag war von niemandem organisiert worden, sondern vollzog sich schleichend, ohne Ansage, als Nebenwirkung des sich selbst organisierenden Willens von Millionen anonymer Anleger, ihr Geld zu vermehren. Jeder Kleinsparer baut diesen Druck mit auf. Jeder, der ein bisschen Geld zur Seite legt, um sich später ein Haus zu bauen, um die Ausbildung seiner Kinder zu sichern, um für sein Alter vorzusorgen, um seinen Kindern etwas zu vererben, jeder dieser kleinen Anleger freut sich, wenn das Ersparte schneller wächst als die Inflation. Kleinsparer haben hier durchaus dasselbe Interesse wie Großinvestoren. Daher tanzt die Welt wie von selbst nach der Pfeife der Wohlhabenden. Diese müssen gar keine Gewalt ausüben.

Das legitime Interesse, aus Geld mehr Geld zu machen, gab es schon immer, aber noch nie mit der Nebenwirkung der Demokratiezerstörung, weil diesem Interesse bis ungefähr 1990 Grenzen gesetzt waren: nationale Grenzen, Zollschranken, Hemmnisse für ausländisches Kapital, beschränkte Marktzugänge, Intransparenz der Märkte, starke Gewerkschaften, starke Gesetzgeber. Damit war es nach dem Mauerfall vorbei. Seit 1990 sitzt die Kapitalseite am längeren Hebel und spielt ihre Macht aus. Der US-Investor Warren Buffett wiederholt seit 2004 fast monoton einen Satz, der eigentlich ungeheuerlich ist. Er sagt, in seinem Land herrsche Klassenkrieg, und es sei seine Klasse, »die Klasse der Reichen, die Krieg führt«, und diese Klasse sei dabei zu gewinnen. Buffett wundert sich, dass die andere Klasse so ruhig bleibt und das hinnimmt.

Vermutlich nimmt sie es hin, weil sie glaubt, sich dagegen aufzulehnen, sei so sinnlos wie der Versuch, gegen Ebbe und Flut zu protestieren. Aber das Schicksal der absteigenden Klassen beruht nicht auf Naturgesetzen, sondern auf jenen Regeländerungen, die Investoren, Aktionäre, Banken, Versicherungen, Hedgefonds und Manager nach dem Fall der Mauer durchgesetzt haben. Seitdem pflügen sie fast widerstandslos die Welt um.

Über dieses Wirken der neoliberalen Truppen des »digitalen Kapitalismus« hatte der frühere SPD-Politiker Peter Glotz in den 90er-Jahren gesagt: »Sie marschieren wie ein gottverdammter SA-Sturm, der alles in Scherben haut.«

In Scherben gehauen wurden nicht nur Demokratie und soziale Marktwirtschaft, zertrümmert wurde auch das Vertrauen wertkonservativer Kreise in die Tugenden der Bürgerlichkeit:

Triebverzicht, Triebaufschub, Sparsamkeit, Anstand, die Werte des ehrbaren Kaufmanns, Belohnung des Fleißes und der Tüchtigkeit. Heute bekommt, wer spart, Strafzinsen aufgebrummt. Der Ehrliche ist der Dumme, und der Bonusbanker der Schlaue. Die Börse, einst ein Instrument zur Kapitalbeschaffung für innovative Unternehmen und zur Absicherung von Währungsrisiken, entartete zum Spielcasino. Wer dort gewinnt, wird über Nacht reich, wer verliert, bürdet seine Wettschulden dem Steuerzahler auf. Wem das noch nicht reicht, der manipuliert Zinssätze, Rohstoffpreise, Währungskurse.

In den von allen Fesseln befreiten Finanzmärkten fühlen sich die dort handelnden Akteure ebenfalls von allem befreit, auch von jeder Moral. Was früher als Foul geahndet worden wäre, gilt nun als taktisches, professionelles Foul und eigentlich nicht einmal mehr als das, sondern als normales Business, und es gibt ja auch keinen Schiedsrichter mehr, der darüber wacht, dass zumindest die minimalsten Regeln des Anstands eingehalten werden.

Nun löst sich die Ordnung auf in Europa. Der Versuch, dieses Europa um das Geld herum aufzubauen, steht vor dem Scheitern, die Strafzinsen auf Guthaben künden davon, und auch der *failing state* Griechenland erzählt davon, ein Land, das niemals in die EU hätte aufgenommen werden dürfen, wenn diese ihre selbst gesetzten Regeln auf das Land angewendet hätte. Aber daran war niemand interessiert, die in Athen nicht, und nicht die in Brüssel. Man wollte den Multis ein Rollfeld bieten, einen möglichst großen deregulierten, staatsfreien, aber staatlich subventionierten Markt, und dafür nahm man alles, was man kriegen konnte, auch Griechenland.

Sie haben ihn bekommen, fielen ein wie die Heuschrecken und wurden in zahlreichen Ländern, auch und besonders in Griechenland, freundlich empfangen von Politikern und Bürokraten, die ihre Hand aufhielten, auf dass die multinationalen Unternehmen, darunter besonders viele deutsche, ihre

Waffen, Panzer, U-Boote, Autos, Kühlschränke, Maschinen, Supermärkte und Lebensmittel aus der Massentierhaltung und industriellen Landwirtschaft liefern konnten, ohne dass jemand fragte, ob man das auch alles brauche und bezahlen könne.

Nun steht das kapitalistische Experiment vor dem Scheitern. Die dafür Verantwortlichen wollen es sich nicht eingestehen und kaufen sich seit Jahren mit Milliarden und Abermilliarden Zeit, um das Scheitern hinauszuschieben. Aufhalten werden sie es nicht können. Es sei denn, sie sähen endlich ein, dass es ein Fehler war, die Gestaltung der Welt und der Zukunft dem Markt zu überantworten.

Aber die Kaste der Betriebs- und Volkswirte in den Regierungen, Stabsstellen und Vorstandsetagen der Wirtschaft hat sich bisher als so lernunwillig und lernunfähig erwiesen wie einst der Adel vor der Revolution. Es werden ungemütliche Zeiten auf Europa zukommen.

Anmerkungen

[1]   Spiegel Nr. 26, 24.6.1996.
[2]   Die Zeit Nr. 48, 24.11.1995.
[3]   Frankfurter Rundschau, 29.9.1998.

Mode als Gier und Rausch

Die Mode der Moderne ist ohne Orientalismus nicht vorstellbar. Damit dringt der Orient ins Zivilisatorische des Westens ein. Das Warenhaus wird zum Ort des kapitalistischen Konsums. Gier und Rausch fördern den Tausch des Bürgerlichen mit der Despotie der profitablen Lust.

von BARBARA VINKEN*

*BARBARA VINKEN,
Professorin für Romanische Philologie in
München. Machte
sich einen Namen als
Mode-Theoretikerin.
Ihr jüngstes Buch
ist *Angezogen. Das
Geheimnis der Mode*
(Klett-Cotta, 2015).

Foto: Dominik Gigler

Es gibt wenig Momente der industriellen Produktion, an denen der beschleunigte Neoliberalismus, der hier immer noch das gute, alte Gesicht eines Turbokapitalismus hat, so gut illustriert werden kann wie an der Mode. Mit den großen Ketten wie »H&M«, »Zara«, »Mango« oder »COS« und den ausgesprochenen Billigketten wie »kik« ist die Mode nicht nur zu einem der größten Profiteure – früher als Ausbeuter bekannt – der Globalisierung geworden. Sie hat längst das, was sie einmal definierte, den saisonalen Rhythmus der Sommer- und Winterkollektionen und der Croisière- oder Resort-Kollektionen hinter sich gelassen. Bulimisch, möchte man sagen, frisst die Mode ihre Kinder. Und während sich für Midas alles, was er berührte, in Gold verwandelte, scheint sich hier alles, kaum gekauft, im Handumdrehen in Abfall zu verwandeln. In London kamen Kundinnen von »kik« mit ihren gerade erstandenen, in Tüten verpackten Kleidern in den Regen; durchweicht, entsorgten sie diese nach getätigtem Kauf im nächsten Mülleimer.

Die Kritik der Mode als ruinöses Spektakel der Verschwendung bekam schon mit dem ausgehenden 18. Jahrhundert und dem Bankrott des Hofes eine neue Dringlichkeit. Wie gewöhnlich artikulierte sich die Kritik in Termini des Orientalismus, wie sie bereits die Römer der späten Republik ausgebildet hatten: Sie wurde als weibisch, tyrannisch, ruinös denunziert. Die Mode war längst – und wird es zunehmend mehr – das Andere des rationalen, aufgeklärt-fortschrittlichen, selbstbewusst-selbstbestimmten Westens. Gleichzeitig wurde der Orientalismus modisch – man denke nur an die *robe à la Turque*. Wichtiger aber ist, dass das, was einmal als stigmatisierend gemeint war, von den Leuten, die Mode machen, offensiv in Anspruch genommen wurde: Rose Berthin, die sagenhafte Modistin, die neben Marie Antoinette die Pariser Finanzaristokratie anzog, nannte das von ihr eröffnete erste Modegeschäft der Welt »Le Grand Mogol«.

Émile Zola, bekennender Republikaner, nutzte das Gesicht des Orientalismus im Zuge der Mythenforschungen des 18. und 19. Jahrhunderts dazu, den Kapitalismus des zweiten Kaiserreiches zu brandmarken, dessen Prinzip mit den entstehenden Kaufhäusern der immer schnellere Umsatz zwecks Profitmaximierung war. Der neue Kapitalismus wird in seinen Romanen zu einem Sex- und Goldkult. In diesem Kult kommt wieder, was der Westen glaubte, endgültig hinter sich gelassen zu haben: die menschenopfernden Phalluskulte der Großen Mutter, wie sie Babylon, und, so meinen viele, das römische Kaiserreich beherrschten. Um alles Eigentliche, alles Republikanische, alles Männliche ist es in diesen Orgien geschehen. Aber was Zola an deren Stelle setzte, endet in einer Art Protofaschismus.

Mitten in Paris, im Herzen der Hauptstadt der Moderne, beginnt die Mode der Moderne in einem Raum der Fremde, einem Fremdraum. Dieser Raum ist das Gegenstück zu den modernen demokratischen Republiken: tyrannisch und despotisch, sinnlich, weibisch, a-ökonomisch im Luxus schwelgend, die Sinne betörend, jeder Vernunft unzugänglich und darauf bedacht, jeder noch so absurden Caprice zu Gefallen zu sein.

Mit ganz und gar unlauteren Mitteln heischt die Mode Vorteile. Von vornherein eignet diesem Raum etwas Karnevaleskes; mit der Vernunft wird die Natur verkehrt. Nicht der Geist, sondern die Sinnlichkeit triumphiert. Nichts dreht sich mehr um die Sache des Allgemeinwohls, alles um eitle Nichtigkeiten. Nicht das Sein, sondern der Schein zählt. Wie Idole werden die Modemacher und die von ihnen kreierten Geschöpfe verehrt. In einer Gesellschaft, die dem Modus des Schauspiels, des Spektakels unterworfen ist, stehen alle Werte Kopf.

Rose Bertin, Liebling Marie Antoinettes, eröffnete 1770 in der Rue St. Honoré das erste Modegeschäft der Moderne, den »Grand Mogol«. Colette eröffnete hier später ihren Make-up-Salon. Der angesagteste Mode- und Lifestyle-Treff der Neunzigerjahre, »Colette«, öffnete seine Türen nicht weit davon als Hommage an die Schriftstellerin, die für den ersten lesbischen Kuss auf der Bühne ausgerechnet im »Rêve d'Egypte« skandalträchtig wurde, aber vielleicht auch in Erinnerung an den »Grand Mogol«. Bertins »Großmogul« lässt vor unserem inneren Auge die Pracht des Orients aufleuchten.

Ob der Name des Geschäfts nun bloß das Klischee eines in Luxus schwelgenden, asiatischen Fürsten beschwört oder tatsächlich einen heute verlorenen, sagenhaften Diamanten aus dem Schatz des mongolischen Reiches meinte, ist fast gleichgültig. Mehr Orient geht nicht. In Rose Bertins Geschäft konnte man fertige Artikel kaufen: Morgenmäntel, Pantoffeln. Bis dahin hatten die Damen sich den Stoff aussuchen, dann schneidern und schließlich von der Modistin verzieren lassen müssen. Mit seinen Modellen von der Stange war »Le Grand Mogol« der Vorläufer der großen Kaufhäuser und wie diese ein gigantischer Erfolg. Hier traf sich von der Königin bis zu den schwerreichen Frauen der Financiers ganz Paris. Es war die Keimzelle des Spektakels einer in aller Öffentlichkeit inszenierten und zum Konsum angebotenen Weiblichkeit, die später in den Kaufhäusern erblühen sollte.

Orient als Symbol des Reichtums

Der Name des Geschäfts »Le Grand Mogol« war natürlich der im 18. Jahrhundert ganz Europa beherrschenden Mode des Orientalismus geschuldet, die damit zusammenhing, dass aller Luxus aus dem Orient kam: Seiden und Gewürze, die kostbaren Farben, Edelsteine und ihr spezifischer Schliff, aber auch das weiße Gold, das Porzellan. Chinoiserien wie die Meißener Porzellane, das Teehaus im Potsdamer Park, die Lustschlösser in Nymphenburg, Brühl oder Pillnitz an der Elbe, legen davon beredtes Zeugnis ab. In »türkischem Kostüm«, mit Kakadu und Papagei im exotischen Gewächshaussetting, malte Tischbein seine Töchter. Mozart komponierte die »Entführung aus dem Serail«, Goethe schrieb den »West-östlichen Divan«.

Der Orientalismus ist bis heute ein durchgehendes Motiv der Frauenmode. An seinem Anfang stand etwas Anstößig Unanständiges, ein öffentliches Ärgernis, ein Skandal. Ein Duft verkehrter Liebe – männliche Frauen, weibische Männer: chéri. Das von der amerikanischen Frauenrechtlerin Amelia Bloomer 1851 vorgeschlagene Reformkleid wurde als »türkische Tracht« bekannt und galt seinen Feinden nicht als praktisch und vernünftig, sondern mit kürzeren Röcken, Hosen und korsettlos schlicht als unsittlich.[1] Mit der Hose maßten sich die Frauenrechtlerinnen Phallisches an und machten sich zu selbstbestimmten Subjekten des Begehrens.

Das Orientalische steht auch am Beginn der neuen Silhouette, mit der Paul Poiret berühmt wurde. Poiret schaffte das Korsett ab und versuchte – damals allerdings ein Flop – die Pluderhosen der Orientalen, die als »Haremshosen« populär wurden, für Frauen einzuführen. Der rasante Erfolg dieser Hosen in den letzten Jahren hätte Poiret begeistert. Ohne den Orientalismus, der als historistische Verkleidung für viele Kollektionen von Saint Laurent bis John Galliano zentral war, ist die Mode der Moderne schlicht nicht vorstellbar. Der letzte, eindeutig orientalische Einfluss, der populäre Triumphe feierte, war der nackte Bauch der jungen Frauen, der uns bis vor Kurzem zwischen T-Shirt und Jeans entgegenleuchtete. Vollkommen wurde das orientalische Setting durch einen den Bauchnabel zierenden, funkelnden Stein. Der Bauch als die in der orientalischen, weiblichen Kleidung erotisch besetzte Zone drängte für einen Moment die westlichen erotischen Zonen, Dekolleté und Po, in den Hintergrund. Was im Westen traditionell als Leib streng verhüllt wurde, wurde zum ersten Mal entblößt.

Wenn ich von der Mode als einem orientalisch exotischen, ja als bedrohlich eingeschätzten Fremdkörper im Herzen der Moderne spreche, der alle ihre Werte zu zersetzen droht, meine ich jedoch nicht bloß diese Aneignung von Motiven. Es geht um mehr als orientalische Zitate, um mehr als Anekdotisches, um mehr als bloße Chinoiserien. Dieser Orientalismus ist vielmehr eine Struktur. Die Mode wird zu einer Kolonie im Innern erklärt, die zum ästhetischen und ethischen Ideal der Aufklärung und der Moderne quer steht. Als ein solches fremdes, dringend reformbedürftiges Moment taucht sie in den meisten Schriften zur Mode auf, die selten einmal Lobeshymnen singen, sondern fast immer zur Erneuerung der Mode aufrufen. *Reform* – das steht wie mit Flammenschrift über fast allen Modetraktaten.

Das babylonische Paris

Zolas »Au Bonheur des Dames« (Das Paradies der Damen), der Roman, der die Entstehung der großen Warenhäuser in Paris im Zweiten Kaiserreich zum Thema hat, bringt den neuen Warenkult als die Religion der Moderne, nämlich als katholisch-orientalischen Eroskult, auf den Punkt. Nie war so viel Stoffrausch. Zola schildert die Entwicklung hin zum

Prêt-à-porter und beweist ein untrügliches Gespür für die Wichtigkeit der Reklame, die die Mode heute zum Medienspektakel gemacht hat. Die flächendeckende Tapezierung durch Modekampagnen von »H&M«, »Benetton«, »Mango«, »Calvin Klein«, »C&A« – Unterwäsche zu Weihnachten, dem Fest der Liebe – ist aus dem Innenraum unserer Städte nicht mehr wegzudenken. Zolas Konsumtempel ist ein Freudenhaus, ein Frauenhaus, dessen krampfartige Zuckungen Paris bis in die Grundfesten erschüttern. Der Reichtum des Universums versickert hier ruinös. Aus dem »Grand Mogol« Rose Bertins ist ein Bazar geworden, der sich ganze Stadtteile einverleibt. Der Taumel des Konsumrauschs macht die Hauptstadt der Moderne zu einem neuen Babel. Kapitalismus, sagte Marx, ist Götzendienst und hat mit Vernunft wenig, mit Rausch und Religion alles zu tun. Zola gibt dieser Religion der Moderne einen weiblichen Index. Mit seinem Fetischbegriff schöpft Marx aus dem Vokabular der Kolonisatoren. Sie bezeichneten »primitive«, »wilde« und »barbarische« Völker, die ihren menschengemachten Göttern übernatürliche Fähigkeiten zuschreiben, als fetischistisch. Zola beschreibt sein Kaufhaus nicht weniger exotisch als menschenfressenden Baal und Moloch.

Er macht es zu einem Ort moderner Tempelprostitution, in dem Weiblichkeit zur Ware und Ware weiblich wird. Die moderne Konsumgesellschaft kritisiert Zola auf der Folie der orientalischen erotischen Kulte, wie sie die Mythenforschung seiner Zeit faszinieren, als weibische, verheerende Idolatrie: Baal, Moloch und die Phalluskulte der Großen Mutter. Im Warenhaus geht es um nichts anderes als um das schwindelerregende, ruinöse Spektakel der Weiblichkeit, um die modische Selbstinszenierung der Frau. Das Warenhaus ist antiker Venustempel, Kathedrale und modernes Bordell in einem. Gold und Sex werden im Zeichen des Orientalischen austauschbar.

Mit dem modernen Kapitalismus und dessen Globalisierung bis in die Kolonien hinein herrscht nicht etwa die

Moderne in zivilisatorischer Mission im Orient, sondern umgekehrt droht der Orient die Moderne zu beherrschen. Nicht Frankreich erobert die Kolonien, sondern die Kolonien erobern Paris. Nicht die Kolonien werden modern reformiert, vielmehr erstrahlt das Kaiserreich in gleißend orientalischem Licht. Das Kaufhaus wird zum *kósmos*, zu Weltordnung, Schmuck und Staat; in ihm werden alle Werte der Moderne im Herzen der Moderne pervertiert. In prometheischer Manipulation ist es eine ganz und gar künstliche, mit viel Kunstfertigkeit geschaffene Welt, in der die Nacht zum Tag wird, ein Mittsommernachtsrausch unter einer trügerischen Mitternachtssonne. Selbst der Himmel von Paris wird in der gleichnamigen, himmelblauen Seide »ciel de Paris«, Verkaufsschlager des *Bonheur*, zur Ware verdinglicht.

Das Warenhaus ist ein orientalischer Markt, ein Bazar; zwei barbusige Frauen zieren das Firmenschild. Barbusigkeit war – man denke nur an Delacroix – mit den Frauen des Harems assoziiert, die im Gegensatz zu den Europäerinnen keine Korsagen trugen und unter den dünnen Seiden nackt waren. Dass man seine Vernunft an der Tür dieses Lusttempels abgibt, wird schon dadurch klar, dass die Schaufensterpuppen, umweht vom warmen Hauch des Begehrens, das die Stoffe bläht und sie belebt, anstelle des Kopfes ein Preisschild tragen. Lust, Gier und Rausch machen Vernunft und Moral den Garaus. Dunkles Objekt der Begierde ist Weiblichkeit, und die, die diese Weiblichkeit begehren, sind die Frauen.

Schamloser Liebeskult

Dieser Tempel ist ein spektakuläres Spiegellabyrinth des Self-fashioning, in dem das Begehren nach verführerischer Weiblichkeit zu Gold gemacht wird. Narzisstisch fasziniert blicken die Kundinnen auf dieses Spektakel, das wie in der

Zauberwelt einer Féerie tausendfach vor Augen gestellt wird. Sie verausgaben sich völlig in einem Kaufrausch, in welchem Konsum und Koitus verschmelzen. Das Warenhaus ist Tempel eines öffentlichen, schamlosen Liebeskultes; die Ausstellung der Waren ist tatsächlich ein Striptease.

Das zitternde Begehren nach Seiden und Spitzen, das die Frauen vor Verlangen seufzend erblassen lässt, nimmt Züge des Liebemachens an, coram publico. Das öffentliche Leben wird zum *public intercourse*. Anstelle des unzugänglichen Tabernakels thront hier der entblößte Alkoven im Allerheiligsten, wo eine Transsubstantiation ganz eigener Art stattfindet. Fleisch wird in einem orgiastisch-steril-ruinösen Lustrausch in Stoff verwandelt. Wo Fleisch war, soll Stoff werden: samtige Schenkel, satinschimmernde Busen, seidenweiche Arme. Lüstern-wollüstig wird alles Gold dazu verwendet, sich in das Idol der Weiblichkeit zu verwandeln. Beherrscht wird dieser anrüchige Raum orgiastischer Prostitution von einem Adonis mit Goldaugen. Dieser Kapitalist ist kein kühler, vernünftig produktiver Geschäftsmann, sondern ein Spieler, ein Manipulator, ein Dekorateur, der in seiner Zweigeschlechtlichkeit etwas vom heidnischen Gott hat, der Frauenfleisch frisst. Er bringt den Sex auf die Bühne der Großstadt und macht ihn zum öffentlichen Schauspiel. Unwiderstehlicher Herr über diese Prostitution tauscht er, Herr über Stoffe und Frauen, Liebe gegen Geld.

Alle republikanisch bürgerliche Ordnung steht kopf. Das Kaufhaus ist antirepublikanischer Ort der tyrannischen Despotie. Männer verfallen den Frauen, die, selbst Sklaven ihrer Lüste, zu Despoten werden. Alle Gegensätze werden umgestoßen: öffentlich versus privat, anständige Frau versus Hure, Natur versus Kunst, ja selbst das Natürlichste der Welt, das Geschlecht, wird invertiert. Männer werden weibisch, Frauen männlich. Frauen verlassen den ihnen zugewiesenen Ort, das Haus, und treten in die Öffentlichkeit. Tatsächlich waren Kaufhäuser die einzigen Orte, wohin die Frauen unbegleitet gehen konnten. Wie schon bei Rousseau ist dieser Einbruch des Weiblichen in die Öffentlichkeit mit einer generellen Herrschaft eines verheerenden, orientalischen Lustregimes gleichgesetzt, in dem alle Ordnung zerfällt.

Am Ende stürzt eine nüchterne, vernünftige, liebende Maria, jungfräuliche Kindsmutter, immun gegen alle Verführungen spektakulärer Weiblichkeit, das blendende Idol vom Thron und beendet den Tanz um das Goldene Kalb. Mit Rüschen, Schleifen, Bändern, Spitzen, Federn, Fächern, glänzenden Preziosen, mit Glitter und Glitzer, Wippen, Hauchen und Flattern, kurz mit dem ganzen Froufrou der Weiblichkeit hat sie nichts am Hut. Gold und Sex, durch den Stoff, aus dem die Träume sind, die Weiblichkeit, geleitet, werden in einer Tränenwoge geläutert. Die neue Maria erlöst von dieser so allbeherrschenden orgiastischen wie verheerenden Ökonomie, die im taumelnden Tanz um hinreißende Weiblichkeit alles in Schutt und Asche legte. Die Extravaganzen der Mode sind dieser vernünftigen, jungfräulichen Mutter fremd. Den orientalischen Gott bekehrt sie zu den wahren bürgerlich-patriarchalen, völlig unspektakulären, eben modern westlichen, produktiven Werten: Haushalt, Ehe und Familie. Reformiert, wird Adonis zum so treusorgenden wie gutverdienenden Familienvater.

A most happy ending – aber was für eine öde und traurige Aussicht.

Anmerkung

[1] Gundula Wolter, Gewagt! Sensationell!! Skandalös!!! – Von Erfolgen und Fehlschlägen modischer Innovationen nach 1850, in: Fashion Talks. Begleitbuch zur Ausstellung im Museum für Kommunikation Berlin, Berlin 2011, S. 221–230.

Brüste werden zu Beton

**»Hätte der Neoliberalismus Titten aus Zement,
er sähe aus wie Heidi Klum«**

Peter Sloterdijk, Zeilen und Tage, Suhrkamp

von REGULA STÄMPFLI*

Zum ersten Mal hellhörig wurde ich, als sich die deutsche Frauenministerin Kristina Schröder – berüchtigt durch ihre Kinder, Küchen&Kirchideologie – 2013 plötzlich als *Feministin* outete. In einem Interview bekannte sie sich zum Gedanken, dass es doch »schön« wäre, »Gott« nur noch sächlich zu betiteln. Zwar hielt Schröder immer noch laut an ihrem »Nein« zur Frauenquote und dem »Ja« zum Betreuungsgeld (auch unter dem Begriff »Herdprämie« bekannt) fest, aber – wohlan! – immerhin verstand sie etwas von feministischer Linguistik.

Wirklich?

Hinter diesem »Es« steckt anstelle von Feminismus und Gendersensibilität keine Gleichstellung, sondern der Wunsch nach der Verdinglichung der Welt. Alles wird sächlich. Das sind sehr schlechte Neuigkeiten für den Feminismus. Wie sehr, zeigt wiederum Kristina Schröder. Nach ihrem Abgang als Ministerin agiert sie als eifrigste Befürworterin unter anderem der Gentechnologie. Auch hier ist ihre Argumentation sächlich. Denn was funktioniert, ist – in Schröders Worten – auch richtig. Schröders »Das Gott« war die ahistorische, entpolitisierte Version einer Funktionsträgerin und mitnichten der bewusste Sprechakt einer

*REGULA STÄMPFLI, Historikerin und Politologin. Sie hat Lehraufträge an mehreren Universitäten und schreibt eine Kolumne für den *Blick* in Zürich. Ihr jüngstes Buch ist *Die Vermessung der Frau* (Gütersloher Verlagshaus, 2013).

Foto: Annette Bouteiller

Feministin. Eine Systemhalterin, in deren öffentlich manifestiertem Denken und Handeln nur noch Kunden, Funktionen, Hierarchien existieren. Menschen sind dabei nicht in Sicht, schon gar nicht Frauen. Unglücklicherweise erkannten die Medien und zuständigen Experten nicht, dass »Das Gott« – für neoliberale Frauen nicht unüblich – nur ein lächerliches PR-Marmeladeexperiment im Nachdenken über Sprache, Gewalt und Macht darstellte.

Die Geschichtslosigkeit, die Worthülsen, der Branding-Slang sind die auffälligsten Merkmale des Neoliberalismus. Der Neoliberalismus selber definiert sich aus der Freisetzung (frei von Gesellschaft, Menschen & Politik) von Kapital, Waren, Dienstleistungen und Personen (in genau dieser historischen Reihenfolge).[1] Jede Art von Erfahrungswelt, Realität, Theorie und Praxis wird in diesem Denken und Sprachen ausgeblendet und in abstrakte, meist ökonomische, ökonometrische Theorien oder von Beginn weg in Algorithmen gefasst.

Erlebte und dokumentierte Frauengeschichte(n) beispielsweise werden völlig banalisiert und auf ein klischiertes Frauenbild reduziert. Da gibt es vielleicht einige »starke Frauen« aus der Vergangenheit, aber keine Geschichtserzählung über Macht, Körper und Ideologie. Die »Das Gott«-Mädchen tummeln sich jetztzeitorientiert gerne auf einem imaginären Marktplatz der Ideen und bedienen sich beispielsweise bei Sheryl Sandberg.[2] Die klassischen und tradierten feministischen Schriften, Theorien, Ansätze werden dabei völlig missachtet.

Biologie kennt keine Geschichte, höchstens ein Labor, in dem nur bestimmte Forschung zugelassen ist. Wirft frau beispielsweise bei der Frauenquote ein, dass gleichberechtigte Arbeitsverhältnisse, geringere wöchentliche Arbeitszeit, gleiche Löhne und gut ausgebaute und bezahlbare Kinderbetreuung mit eingeführt werden sollten, um wirklich was zu verändern, dann riskiert man allein mit diesen Einwürfen eine böse Lippe. 2015 gibt es kein »richtiges« Frauenleben im falschen. Viele

Verlautbarungen neoliberaler Frauen sind so einleuchtend wie das Zitat einer älteren Dame nach einer Oper mit der zauberhaften Maria Callas: »I don't like Maria Callas' voice because she is divorced.«[3]

Das Beispiel der von neoliberaler Seite gepuschten Frauenquote (Quote ja, Feminismus nein) zeigt, dass sich wichtige Ideen erst dann durchsetzen, wenn sie nichts mehr verändern. Zwar ist es wirklich zum Haareraufen, wenn wieder ein Medienkongress, ein Wirtschaftspodium, ein Expertenpanel ausschließlich mit alten, weißen Männern besetzt wird, die – wenn es hochkommt – von einer Frau (die darf dann auch mal schwarz sein, Hauptsache jung) – befragt werden. Klar: Eine Frauenquote könnte hier immerhin das Bild und die Selbstverständlichkeiten etwas verändern. Dies ist indessen Kosmetik und nicht Politik. Die Quote hat übrigens gezeigt, dass vor allem Frauen davon profitieren, die gefragt sind, die mit *Feminismus, d.h. sozialer Gerechtigkeit, Chancengleichheit und Freiheit* überhaupt nichts am Hut haben. Die drei Frauen in der Schweizer Regierung beispielsweise beschäftigen allesamt und ohne Ausnahme männliche Staatssekretäre. Auf Facebook war zur Wahl der neuen Universitätsrektorin in Basel mit Fug und Recht zu lesen: »Basel hat zum erstenmal eine Frau als Universitätsrektor. Dies ist die gute Nachricht. Die schlechte: Sie ist eine neoliberale Hardlinerin.«[4]

»Je globaler, je freier, je ungebundener, von allen ethischen Normen losgelöst die kapitalistische Wirtschaft im 21. Jahrhundert wird, umso härtere Formen der neuen verdeckten [...] Sklaverei könnten entstehen.«[5]

Viel zu oft geht in der Geschichte der Frauenbewegung vergessen, dass Kapitalismus und Frauenemanzipation von Anfang an untrennbar miteinander verknüpft sind. Ohne Kapitalismus keine Frauenrechte. Während beim Satz: »Der Mensch ist frei geboren« immer und selbstverständlich auch die Subjektqualität »Mensch-Mann« (l'Homme) mitschwang, waren

Frauen von Beginn der Aufklärung weg ausschließlich Objekt. Mann war gleich Staat, Frau war gleich Natur. Zwar versuchte Olympe de Gauges einen eigenen Freiheits- und Menschenstatus auch für Menschen mit Menstruationshintergrund zu formulieren, doch sie musste dafür ihren Kopf der Guillotine preisgeben und nicht nur das: Im Mainstream ging sie völlig vergessen, kein einziges europäisches Schulbuch für Geschichte berichtet von ihr.

Seit der Französischen Revolution ist punkto Frauen also nicht die *Deklaration der Menschenrechte* entscheidend, sondern die Entwicklung von Kapital und Reproduktion, altmodisch auch Geld & Kinderkriegen genannt. Kapital und Reproduktion bestimmen die Emanzipation von und für Frauen. Der Aufstieg von Frauen als geschlechtslose Anzugträgerinnen oder bessere Männer ohne Schwanz wäre ohne Kapital und die Trennung von Sex und Fortpflanzung nicht zu denken.

Denken wir weiter über Kapital und Reproduktion nach, fällt noch etwas auf: Je stärker sich das Kapital von Realwerten, von der Wirklichkeit der Welt entfernt, je mehr entfernt sich auch die Fortpflanzung, das Kinderkriegen und -aufziehen von der Frau und ganz direkt von ihrem Körper. *Geld wird virtuell, Schwangerschaften künstlich.* Diese Gleichzeitigkeit ordnet die Kulturwissenschaftlerin Christina von Braun folgendermaßen ein: »Geld kann sich vermehren. Menschen können sich vermehren. Warum nicht beide Fortpflanzungsarten miteinander verbinden?«[6] Mit anderen Worten erkennen wir am Thema Neoliberalismus und Frauen, dass je länger je mehr Frauen kein Kapital haben (hatten sie eh immer nur einen Bruchteil), sondern direkt Kapital sind (Männer werden in »Frauen« bezahlt, siehe Siemens Prostituiertenreisen oder die enge Verbindung zwischen Wall Street und käuflichen Frauen). Die neu gewonnenen Freiheiten punkto Reproduktion, sprich die künstliche Befruchtung, die Leihmutterschaft inklusive Fremdbetreuung macht dann zusätzlich aus den Frauen Kapital.

Neoliberale Frauen, wie beispielsweise eine prominente Professorin für Privatrecht zusammen mit der Moderatorin der Philosophiesendung in der Schweiz, proklamieren schon seit längerer Zeit dafür, die Bürgerrechte und die Kauf-Verkaufsverträge von und für Menschen den neu gewonnen Fortpflanzungstechniken anzupassen.[7]

So ist es nur logisch, dass der Neoliberalismus die Reproduktionsfrage eng an Kapital anbindet. Die Frau, die mit einem Kinde schwanger ging, ist in neoliberaler Ideologie die Mehrwertsgewinnerin, die sich ein Kind bestellt, es bezahlt und optimiert.

Hier ein aktuelles Beispiel aus der Schweiz: Die Schweizer Regierung hielt in ihrem Bericht zur Leihmutterschaft fest, dass sie unter anderem deshalb verboten werden sollte, weil man mit dem Verkauf von Menschenzellen im Reagenzglas inklusive dem Angebot des menschlichen Brutkastens die »Würde der Leihmutter« verletzen könnte. Im Behördendeutsch klingt dies folgendermaßen: »... dass in den vorbereitenden Arbeiten und in der Lehre mit dem Verbot der Leihmutterschaft namentlich das Ziel verfolgt wird, die Menschenwürde der Leihmutter und des werdenden Kindes zu schützen.«[8]

Die schon erwähnten neoliberalen Vorkämpferinnen Andrea Blücher, und Barbara Bleisch bezogen in der renommierten *Neuen Zürcher Zeitung* mit einem leidenschaftlichen Plädoyer für den freien Kauf- und Verkauf von Menschen Stellung. Der Artikel verkörpert gewissermaßen das neoliberale Manifest für Frauen. In einer unnachahmlichen Verballhornung der Kant'schen Position, dass ein Mensch nie des anderen Menschen Zweck sein soll, setzen sie in neoliberal bekannter Weise den »Körpereinsatz« von Models, Tänzerinnen und Sportlerinnen mit derjenigen von Leihmüttern gleich. Ähnlich tun es ihnen die grün und sozial angehauchten Geschlechtsgenossinnen, wenn sie Frauen, die ihre diversen Körperöffnungen gegen Geld zur Verfügung stellen (müssen), als ganz »normale Dienstleisterinnen« oder »Sex-Arbeiterinnen« charakterisieren.

Die Kapitalisierung des weiblichen Körpers kaschiert also nicht nur einen von Frauenwürde entledigten Feminismus, sondern versteckt gerne alle realen Zusammenhänge. Die Verwertung von Menschenfleisch wird nie so genannt, obwohl es strukturell um genau das bei der Kapitalisierung der Fortpflanzung geht. Genial ist der Schachzug, all dies dann auch noch »Feminismus« und »modern« zu nennen. Wahrheit lässt sich schließlich immer mit Teilwahrheiten am besten verleugnen.

Zurück zum Artikel in der *Neuen Zürcher Zeitung*. Den Handel mit Babys vergleichen die Autorinnen mit einer ganz »normalen« Organspende. So als ob die neunmonatige Austragungszeit eines Fötus dasselbe wäre wie eine mehrstündige Operation zur Entfernung einer Niere. Dies ist nichts anderes als die beliebte »Ethik des Kapitals«.

Neoliberalismus als Privatrecht

Anmaßend« finden die Autorinnen im besagten Artikel vor allem, dass wir Menschen als politische Wesen uns wagen, »ein moralisches Urteil« über die Leihmutterschaft zu fällen. Auch dies ist im Kern eine neoliberale Argumentation. Alles, was sich der Ökonomie als Kategorie entzieht, wird als vormodern, irrational, religiös oder moralisch entsorgt. Dies mit dem Griff auf die Vermischung von öffentlich und privat. *Als ob der Kauf und Verkauf von Menschen eine private und nicht eine öffentliche und damit eine politische Frage wäre!*

Der Neoliberalismus kennzeichnet sich gerade dadurch, dass klassische politische Fragen in Privatrecht umgewandelt werden, sodass die Herrschaft des Niemand durch den monetär Stärkeren reibungslos vonstattengehen kann.

Der Kauf und Verkauf von Menschen oder Teilen von ihnen ist selbstverständlich keine moralische, sondern eine rechtliche und politische Frage. Doch genau diese fehlende Unterscheidungskompetenz führt die sich explizit feministisch verortenden Autorinnen dazu, die »Herstellung« von Föten, Embryos und Babys »gesellschaftlich neu überdenken« zu wollen. Schließlich, so Blücher und Bleisch, sollten wir uns alle von »tradierten Vorstellungen« verabschieden.

Wer den Artikel in der renommierten *Neuen Zürcher Zeitung* liest, kriegt endlich eine Ahnung vom Geistesklima der 1930er-Jahre und versteht, weshalb damals so viele Intellektuelle von der Idee der medizinischen, hygienischen und rassischen Auslese von Menschen fasziniert waren. Damals war es indessen von Staates wegen, heute geschieht alles im Namen der Privatwirtschaft. Dabei geht es einzig und allein um die Legitimation einer neuen, eugenisch motivierten und monetär ausgeschöpften Sklavenhaltergesellschaft mit unterschiedlichen weiblichen Hierarchiestufen.[9] Mit »geliehenen« Müttern sollen Kinder in Auftrag gegeben werden können, die anschließend vom Herkunftsland der zahlenden Kundinnen den Stempel »leiblich« verpasst kriegen. Schweizer Babys frisch ab indischer Presse sozusagen. Da sollen Kinder »leiblich« genannt werden, die außerhalb des Körpers der Frau und »Mutter« herangezüchtet wurden, die biologisch nicht einmal mit ihr verwandt sein müssen. So funktioniert auch der Warenverkehr!

Der Eierplan (social Freezing) von Apple, Facebook und Google folgt demselben Muster. Hier tobt sich der Neoliberalismus besonders elegant im Uterus der Frauen aus. In ihrem gleichnamigen Buch verkündet die US-Autorin Hanna Rosin »Das Ende der Männer und den Aufstieg der Frauen«. Rosins Frauenaufstieg besteht im Wesentlichen darin, dass sich Frauen den ökonomischen Widrigkeiten besser anpassen als Männer. Während die Männer ihren verlorenen Werten nachtrauern, rüsten die weiblichen Kapitalismus-Maschinen in einer Härte auf, die Männern – laut Rosin – abgeht. Frauen tun alles, Hauptsache, die Kasse stimmt: Sie ducken sich, sie benehmen sich wie graue Mäuschen oder passen sich Porno-Bunnys an, sie verwalten, ohne je auf die Idee zu kommen, etwas neu zu erfinden. Rosin sagt dazu: »Wir leben in einer Welt, in der Gewandtheit und Flexibilität ebenso belohnt werden wie die Bereitschaft, sich einer im Wandel begriffenen Wirtschaft anzupassen und auf gesellschaftliche Stimuli zu reagieren. Derzeit zeigt die Frau aus Plastik mehr von diesen Eigenschaften als der Mann aus Pappe.«

Die neuen Frauen sind gemäß Rosin deshalb erfolgreich, weil sie keine Werte und keine Prinzipien wichtig finden, die wir urteilskräftigen Menschen noch mit Menschsein verbinden. Sie haben »ein Herz aus Stahl« (Roisin). »Hier in Amerika geben die Frauen Mund, Arsch und Titten her, bevor sie einen Kerl überhaupt kennen.« Sie zieht daraus den Schluss: »Aber vielleicht betrachten diese Frauen ein Herz aus Stahl als fairen Preis für ihren neuen hohen Rang in der sozialen Hierarchie des Milieus?«

Erlauben Sie mir eine Schlussbemerkung: Hätte ich 2005 ein Buch mit dem Titel: »Das Ende der Männer und der Aufstieg der Frauen« zu lesen bekommen, hätte ich mich wahrscheinlich gefreut. Heute beschleicht mich beim Satz: »Die Zukunft ist weiblich« das nackte Grauen. So viel zu Neoliberalismus und Frauen.

Anmerkungen

[1] Regula Stämpfli, Atlas wirft die sozialdemokratische Welt ab, Globallabour 2007.

[2] Da finden sich dann so Empowerment-Zitate wie: Es mag gegen die Intuition gehen, aber manchmal ist es das beste Vorspiel für eine Frau, wenn der Mann abwäscht. In: Sheryl Sandberg, Lean in, Women, Work, and the Will to lead, S. 118 (übersetzt von R. St.) 2013.

3   Aus einer Anekdote von Donna Leon während des Schreibkurses in
Ernen, Sommer 2013.

4   Betriebswirtin mit Spezialgebiet u.a. in der »Evaluation von Hochschul-
leistungen, Performance Measurements und Leistungsindikatoren«.
Quelle: https://www.unibas.ch/de/Aktuell/News/Uni-Info/Andrea-
Schenker-Wicki-wird-Rektorin-der-Universitaet-Basel.html

5   Elisabeth Hermann-Otto, Sklaverei und Freilassung in der griechisch-
römischen Welt, Hildesheim 2009, S. 196

6   Christina von Braun, Der Preis des Geldes, Eine Kulturgeschichte, Berlin
2012, S. 421.

6   NZZ, 10.4.2015. Ein respektables Unterfangen siehe http://www.nzz.ch/
ein-respektables-unterfangen-1.18281110

8   Bericht zur Leihmutterschaft durch den Bundesrat, 28.9.2012, siehe
https://www.bj.admin.ch/dam/data/bj/aktuell/news/2013/2013-11-29/
ber-br-d.pdf

9   Siehe dazu auch Pierre Klossowski, Die lebende Münze, Berlin 1994.
Klossowski ist im Französischen exakter mit dem Begriff: »La monnaie
vivante«.

Die Industrialisierung des Sports

Die Debatte um die Verwerfungen im Fußball und im Skisport betreffen nicht nur die Kritik am »System Blatter« oder am »System Schröcksnadel«. Vielmehr zeigen sich dabei die Konflikte bei der Transformation des Sports von einem elitären Projekt des 19. Jahrhunderts zu einem Industriekomplex im 21. Jahrhundert.

von RUDOLF MÜLLNER*

*RUDOLF MÜLLNER,
Historiker und Sport-
wissenschaftler. Er
leitet den Arbeits-
bereich Sozial- und
Zeitgeschichte des
Sports an der Uni-
versität Wien. Seine
Einmischungen in die
öffentliche Sportdis-
kussion erscheinen
u.a. in der Tageszei-
tung *Der Standard*.

Foto: Der Standard, robert newald

Sowohl bei der Debatte um die Verhaftungen von sieben FIFA-Funktionären als auch beim hochemotionalen Konflikt des Skistars Anna Fenninger mit dem Österreichischen Skiverband geht es, bei allen Unterschieden, nicht nur darum, das »System-Blatter« oder das »System-Schröcksnadel« zu verstehen. Vielmehr zeigen sich dabei grundsätzliche Konflikte bei der Transformation des Sports von einem ideologisch überfrachteten Projekt des 19. Jahrhunderts zu einem postfordistischen Industriekomplex.

Sport kommt vollkommen unbedarft daher. Im Hauptabendprogramm etwa, erklärt von den sogenannten Analytikern, welche den guten Onkel Herbert, einen holländischen Clown oder einen Gösser trinkenden und Audi fahrenden steirischen Naturburschen geben. In den Ritualen des Mediensports sind die Analytiker fester Bestandteil einer gut eingespielten, nicht weiter hinterfragten Inszenierung. Als Figuren stehen sie jedoch paradigmatisch für die unscharfe Grenzziehung im Verhältnis von Sport und Wirtschaft.

Aufklärung über die politischen oder ökonomischen Rahmenbedingungen der von ihnen angeblich analysierten Events wird nicht erwartet, kritische Fragen dazu erst gar nicht gestellt. Aus gutem Grund, denn die Analytiker werden zum Teil von denselben Firmen bezahlt wie die Stars, oder die Teams, deren Handlungen sie erklären; oder sie sind ohnehin von Medienunternehmen angestellt, die lukrative Exklusivverträge mit den jeweiligen Sportveranstaltern haben. Das ist das Sportbusiness. Oder können Sie sich einen Wirtschaftsanalysten, der etwa von der Frankfurter Börse berichtet, vorstellen, der das Logo der Deutschen Bank auf dem Revers trägt?

Diese unscharfe Grenzziehung und die Intransparenz zwischen den Partialinteressen der Stakeholder sind Charakteristika des sportindustriellen Komplexes. »Die ganzen Irritationen entstehen ja nur aus der Vermischung von Sport und Wirtschaft«, klagt Klaus Kärcher, der als Manager des Skistars Anna Fenninger selbst sozusagen im Auge des Orkans dieses Geschäftes steht, im Morgenjournal des österreichischen Rundfunks am 17. Juni 2015, am Höhepunkt der Eskalation im Streit mit dem österreichischen Skiverband, etwas blauäugig.

Und tatsächlich ist die Ware Sport eine sehr ambivalente. Sport ist das Produkt eines über zweihundertjährigen Modernisierungsprozesses und funktioniert in vielen Bereichen weitgehend nach den Produktions- und Konsumlogiken der kapitalistischen Gesellschaft.

Das betrifft etwa die Art der Leistungserbringung, den permanenten Druck zur Leistungssteigerung, das Konkurrenz- und Rekordprinzip oder das Mantra des stetigen Wachstums, verdichtet in der olympischen Formel »citius, altius, fortius«. Andererseits birgt Sport jedoch auch das mächtige

Gegenkonzept zur Arbeit, nämlich den Zeitvertreib, die Rekreation oder die Unterhaltung in sich.

Sport diente bei seiner Entstehung in den Zentren der industriellen Revolution in Großbritannien zunächst als adeliger Zeitvertreib und zur sozialen Distinktion. Die »leisure class«, also diejenigen, die für ihren Lebensunterhalt keine Erwerbsarbeit leisten mussten, grenzten sich gegenüber den proletarischen – auf reinen Gelderwerb angewiesenen – Berufssportlern wie Boxern oder Ruderern ab. Das juridisch ideologische Instrument dazu war das Amateurideal.

Der moderne Sport, am klarsten in der Idee der Olympischen Spiele Pierre de Coubertins verwirklicht, war nahezu ein Jahrhundert lang der Hort eines pädagogisch-ideologisch überfrachteten – zu denken ist etwa an die Idee der Völkerverständigung durch Sport – euro-amerikanischen bürgerlichen Projektes. Der Amateurgedanke hatte darin eine zentrale Funktion. Er bedeutete das strikte Verbot Geld oder irgendeine andere materielle Vergünstigung für sportliche Leistung anzunehmen. Ihr müsst euch entscheiden, »wollt ihr den Markt oder den Tempel«, postulierte Coubertin bei seiner Abschiedsrede 1925, offensichtlich schon ein wenig ahnend, dass sein »reiner Sport« so nicht weiter aufrechtzuerhalten war.

Karl Schranz und seine Rolle

Zur allmählichen Aushöhlung und zur Erosion dieses Konzeptes leistete ein Athlet des österreichischen Skiverbandes im Jahr 1972 einen die gesamte Nation erschütternden Beitrag: Karl Schranz. Bei seinem Ausschluss von den Olympischen Spielen in Sapporo ging es, ganz ähnlich wie im aktuellen Fall Fenninger, um die Beanspruchung der ökonomischen Partialinteressen des Einzelsportlers gegenüber mächtigen Sportverbänden. Die Vorstellung vom Sportler als einer »Ich-AG« war zu diesem Zeitpunkt zwar noch nicht geboren, der Grund-konflikt aber blieb. Er besteht im Wesentlichen darin, dass der Sportler oder die Sportlerin als Anbieter etwa von Werbeleistungen einen Markt bespielen möchte, den der Verband bereits kartellartig für sich beansprucht.

Es sollte bis in die 1980er-Jahre dauern, bis der Sport am Höhepunkt des Fordismus, der vorläufigen Klimax des Massen-konsums, zu einem wirklich großen Geschäft wurde. Als Kommodifizierung (des Sports) – als »zur Ware werden einer bis dahin eher ideellen Werten verpflichteten Sache« – bezeichnet man in den Sportwissenschaften diesen forcierten Transforma-tionsprozess des sportlichen Feldes. Eng damit verflochten ist das mit der Kritik an der reinen Gewinnorientierung und der Verschiebung von Besitzverhältnissen oder Vermarktungsrech-ten aus dem öffentlichen bzw. gemeinnützigen in den privaten Bereich. Konkret sichtbar wird dies etwa in der Übernahme traditioneller europäischer Fußballvereine durch Inverstoren von der arabischen Halbinsel (z.B. Paris Saint-Germain – Qatar Sports Investments), Getränkekonzernen (Austria Salzburg – Red Bull) oder russischen Oligarchen (FC Chelsea – Roman Abramowitsch).

Zwei Führungsfiguren der weltweit größten Sportorgani-sationen trieben diese Entwicklung radikal voran. Juan Antonio Samaranch, der am 16. Juli 1980 in Moskau gewählte siebente Präsident des Internationalen Olympischen Komitees (IOC), vollzog in seiner 21-jährigen Präsidentschaft die kommerzielle Totaldurchdringung des olympischen Sports. Die endgültige Abschaffung des sogenannten Amateurparagrafen fällt in diese Zeit. Bei den Olympischen Spielen 1984 demonstrierte der vor Ort verantwortliche US-Manager Peter Ueberroth dann konsequenterweise, welches kommerzielle Potenzial im Sport liegt. Die Spiele von Los Angeles waren erstmals rein privat finanziert und erwirtschafteten einen Gewinn von 250 Millio-nen Dollar. Ueberroth verkaufte dazu sogar einzelne Meilen des

Olympischen Fackellaufes an bestbietende Sponsoren. Bei den Spielen 1992 in Barcelona starteten, bis zu diesem Zeitpunkt undenkbar, dann konsequenterweise die millionenschweren Basketballprofis des US-Dreamteams bei Olympia.

Havelange und Blatter

Im Bereich des Weltfußballs formte der autokratische und selbstherrliche brasilianische Rechtsanwalt João Havelange in seiner 24-jährigen Präsidentschaft von 1974 bis 1998 die FIFA zu einer Geldmaschine. Die exzessiv steigenden Einnahmen durch den Verkauf weltweiter Fernsehrechte und die exklusive Vermarktung von Großveranstaltungen unter restriktiven Regulativen waren sein Erfolgsrezept. Als Masterminds fungierten in diesem Umfeld auch Horst Dassler, der Sohn des Adidasgründers Adi Dassler, und dessen Marketingagentur International Sport and Leisure (ISL). Dassler gilt den einen als jener Visionär, der als Erster das große Marketingpotenzial des Fußballs erkannt habe, andere hingegen bezeichnen ihn als den Erfinder der modernen Sportkorruption. Ungustiös war auf jeden Fall Havelanges Abgang, nachdem ihm nachgewiesen wurde, im ISL-Schmiergeldskandal mehrere Millionen Schweizer Franken in die eigene Tasche gesteckt zu haben. Havelanges wichtigster Mitarbeiter seit 1982 hieß Josef Blatter.

Verschiebt man den Fokus von den in den Massenmedien breit ausgewälzten Korruptionsfällen auf grundsätzliche Aspekte des Kommodifzierungsprozesses des Sports, so stößt man schon allein bei der Frage nach dem Hersteller des Produktes (Medienhochleistungs-)Sport auf grobe Widersprüche. Sind es die Athleten und Athletinnen selbst oder vielmehr die Trainer, die Manager, die Coaches, die Werbeagenturen, die Rechteverwerter und deren Anwälte? Und wer trägt welches (ökonomische) und körperliche Risiko? Und was ist welche

Detailleistung im Einzelnen wert? Ein riesiges, bei Weitem nicht annähernd ausjudiziertes Konfliktfeld tut sich dabei auf. Um welche Werte dabei zwischen den diversen Teilhabern gerungen wird, kann man erahnen, wenn man sich etwa bewusst macht, dass noch 1975 das weltweite Sponsoringaufkommen im Sport lediglich fünf Millionen Dollar betrug. 2006 hatte sich, wie der amerikanische Sozialwissenschaftler Barry Smart nachweist, dieser Betrag bereits um den Faktor 8000 auf 40 Milliarden Dollar erhöht. Ähnliche Zuwächse lassen sich für Fernseh- und Markenrechte oder für die Spielergagen anführen. So bezifferte das International Centre for Sports Studies (CIES), ein gemeinsames Forschungsinstitut von FIFA und der Universität Neuchatel, erst kürzlich (Juni 2015) den geschätzten Transferwert von Lionel Messi auf 255 bis 281 Millionen Euro.

Was bleibt, sind die simpel erscheinenden, aber doch schwer zu beantwortenden Fragen: Wem gehört der Sport, wem gehört das Spiel, das Sportbusiness? Damit einher geht auch die Frage nach den Regeln und der Kontrolle des komplexen ökonomischen und bewegungskulturellen Settings und in engem Zusammenhang damit auch, welche Art von Sport die Gesellschaft braucht? All das wird uns noch lange beschäftigen.

Die derzeitige Gesellschaftsformen – sowohl die FIFA als auch das IOC sind im Schweizer Handelsregister eingetragene gemeinnützige Vereine nach Art. 60 des schweizerischen Zivilgesetzbuches –, und als solche widmen sie sich seit jeher steuerschonend bereits »einer politischen, religiösen, wissenschaftlichen, künstlerischen, wohltätigen, geselligen oder andern nicht wirtschaftlichen Aufgabe« –, werden den aktuellen und zukünftigen Herausforderungen so nicht genügen.

Die besten Reportagen aus Lateinamerika

Cristián Edwards verließ sein Büro in Providencia, einem eleganten Stadtteil von Santiago de Chile, nahm den Lift ins Erdgeschoß und ging zum Parkplatz auf der Coyancura-Straße. Dort sah er sie. Drei Männer standen um ein weißes Auto herum. Als Cristián in seinen eigenen Wagen einsteigen wollte, hörte er Schritte hinter sich. Er drehte sich um und sah noch, wie sich die drei auf ihn stürzten. Einer zielte mit einem Revolver auf seinen Kopf. »Ich dachte, sie wollten mir die Brieftasche rauben oder so etwas. Deshalb hob ich die Hände und kam nicht einmal dazu zu schreien«, sagte er fünf Monate später der Polizei. Das Trio wollte etwas anderes. Sie fesselten ihn mit Kabelbindern und zogen ihm eine Kapuze über den Kopf. Dann verfrachteten sie ihn in ihr Auto. …

Der Erbe des Zeitungsimperiums war damals 33 Jahre alt und Direktor der Regionalzeitungen innerhalb der Unternehmensgruppe. 1979 war er nach seinem Hochschulabschluss am Amherst College in Massachusetts mit dem ausdrücklichen Auftrag, in das Familienunternehmen einzusteigen, nach Santiago gekommen. Er blieb zwei Jahre. Zurück in den USA, trat er in die Marketingabteilung von Pepsi-Cola ein, derselben Firma, in der sein Vater als Manager tätig war, nachdem er Chile 1970 wegen des Wahlsiegs des Linkspräsidenten Salvador Allende verlassen hatte. 1983 erwarb der Sohn einen MBA (Master of Business Administration) in Philadelphia, danach arbeitete er für eine Versicherung. Er galt als ausgeglichen, intelligent und besonnen. Er war zurückhaltend und auf seine Privatsphäre bedacht.

aus »**Die Entführung von Cristián Edwards und ihre Geheimnisse**«
von PEDRO RAMÍREZ UND CRISTÓBAL PEÑA (Chile)

Hardcover | 208 Seiten | € 19,90